天下之龍

趙啟光　著

目次

前言

　　本書根據我在 80 年代末寫的英文書 A Study of Dragons, East and West（東西方龍之研究）譯成中文，現又增加了一些內容。我在原書中強調傳統西方龍的邪惡意義和中國人心目中龍的崇高位置。時至今日已經悠悠二十餘年，兩次龍年迴圈過去了，東西方龍的地位也發生了意想不到的變化。在這二十多年裏，西方的文學和影視中出現了許多善良可愛的龍的形象，與此同時，許多中國人卻開始擔心龍在西方代表邪惡，從而不敢理直氣壯地承認龍象徵中國。有感於此，2012 年初龍年到來前夕我在《人民日報》海外版和中英文《環球時報》連續發表幾篇文章談這種含有諷刺意義的新變化。現將其中幾篇重載於此與全書形成對照，一則為老龍壯壯聲勢，二則感慨時代變遷、人心不古乃一至於此。希臘哲學家赫拉克利特的名言「人不能兩次踏進同一條河流」是說，河水川流不息，你下次再來時，上次的河流已經成了東逝之水。那麼我們也許可以說，龍在人們心目中變化無窮，所以人不能兩次龍年看到同一條龍。

　　全書原文是我用英文寫成的，譯成當代中文自然有點外文痕跡，不過這也在一定程度上體現了跨文化觀察龍的視角，雪泥鴻爪也是一番意境，這裏就不刻意糾正了。2012 年又是龍年，此書譯成中文。審閱原稿，多少往事湧上心頭，雖說是學術研究，於我則字字帶來無窮回憶。撫今追昔，二十四年來太平洋兩岸，時間空間的變幻，或國或家，一一來到眼前，李煜「四十年來家國，三千里地山河」當有這時間空間感慨。

　　審閱之餘，遙望窗外，只見北美大草原上大雪漫天，天地之間似有玉帶橫空，飄飄飛舞，分明是一條玉龍破雲飛翔。仔細看去，天風過處，玉龍漸漸消散，似乎與 2012 龍年告別。相信此龍下一個龍年再回來時必有新的雄姿。願此龍書給各位讀者帶來十二年吉祥與幸福。

趙啟光

美國明尼蘇達曠怡齋

2013 年 1 月 1 日

第一章
龍學的研究方法

　　龍實際上並不存在，而且從來沒有存在過。然而，人們對龍存於世的堅定信仰，對巨龍神采的豐富想像，以及有關神龍行蹤的各式傳說，自古以來便在世上廣為流傳，歷史、文學、神話、傳說、社會、心理和藝術等不同角度的展現形式，更是令龍的形象栩栩如生。很少見到哪個象徵符號能夠像龍這樣全面徹底地浸潤人類文明：無論是不丹宮廷掛毯上繡畫的神龍擺尾圖案，還是中國新年廟會上歡騰的舞龍隊伍；無論是歐洲國王盾牌上呼之欲出的龍形紋飾，還是被傳說中屠龍英雄們戳入致命一擊後噴射而出的龍血，抑或是「世界末日」時巨龍狂怒的咆哮——龍總是無處不在，而又神秘莫測。

　　世界上還有許多其它地方同樣對龍耳熟能詳：河內曾被譽為「龍城」，冰島一直流傳著火神洛基與母龍的故事，據說不列顛群島擁有龍洞和巨龍出沒的湖泊，而在夏威夷，所有龍都是女神獨行龍（Mo-o-inanea）[1]的後代。

　　龍還反映了人類在統一理論框架內對自然與社會二元論進行表述的首次嘗試。關於龍的完整記錄在廣度和深度上展現出人類過去數千年中對理想與敬畏的種種情感表達：因為龍的形象不僅融入了整個人類文明，而且還在人類文化取得的幾乎所有物質和精神成就中留下了自己的蹤跡。學者們顯然注意到了這一現象，而且已經針對這一課題

1　Richard Cavendish, ed., Man, Myth, and Magic, New York: Marshall Cavendish, 1983, 695.

開展了大量的研究工作，然而龍學仍然算不上一門獲得社會廣泛認同的成熟學科。各國學者始終是以單兵作戰的形式開展龍學研究。「龍學家」[2]們至今仍找不到學術上的歸屬感，也未確立統一的術語標準。龍學家通常將自己的身份標榜為神話研究者、民俗學家、心理學家、人類學家、聖像學家、神學家、古生物學家、考古學家、動物學家或文學評論家，現在只不過是在各自領域將龍選為研究專題而已。絕大多數龍學家的研究都是從零開始，在最基礎的層面獨立鑽研這種高高在上而又虛無縹緲的生物，毫不借助他人的力量。

為了扭轉這一現狀，龍學應被確立為一項獨立學科，將文學、民俗學和心理學等理論結合為一套統一的「參研理論」。本書將以其它學者的研究成果和我本人對龍的研究心得為基礎，以比較研究的方法提出並論述有關龍學的參研理論。對龍的研究越深入，我越發現這些參研理論不過是我們探尋這一學科的眾多方法中的一小部分。我尚未發現，可能也永遠無法發現，某種獨一無二的龍學研究方法，因為龍所涉及的相關學科和研究方法實在是太多了。

本書將針對東西方龍的形態和象徵意義進行比較與分析，並將龍視作人類想像力、心理特徵、文化、倫理、神話、傳說和智慧的最高結晶。「芬蘭歷史地理研究法」可能具有一定的鑑別作用，但本書整體而言並不屬於「芬蘭學派」[3]。

該學派認為某種傳說或形象如果出現在不同人群的眾多版本或載體中，則該傳說或形象一定源於同一時代和地域，其「波浪狀」的傳

2　這一學術稱謂目前仍鮮為人知，因為龍學本身尚不屬於成熟學科。

3　芬蘭學派的比較民俗學家始終致力於重塑民間故事和民俗形象的歷史。芬蘭學派的代表作品包括：Kaarle Krohn, Die folkloristische Arbeitsmethode, Cambridge: Harvard University Press, 1926, Roger Welsch, Folklore Methodology, Austin: University of Texas press, 1971.

播主要是源於地理區域上的拓展。與之相反，本人更為關注主題、事件、現象和不同文化中宗教／意識形態的信仰，只要涉及到龍，這些文化就有可能彼此間存在或重大或輕微的影響。我們的研究目標是揭示和比較龍的各種形態與含義，而非界定龍的地理髮源地或「波浪狀」的傳播方式。這一目標將在最終結果，而非研究過程中得以證明。換言之，我們可能會論及影響問題，但目的並不是去挖掘發源地或傳播方向。如下三大差異將有助於我們開展龍的研究：

1. 形象（外貌特徵）與寓意（象徵意義）間的差異，例如：龍的長相與其所代表的含義之間存在的差別。每條龍都可被視為有形物質與抽象符號有機結合的化身。

2. 同宗與異己（詳見後文）間的差異，這種差異可延伸至以東方龍和西方龍為代表的諸多對立元素當中，例如：陽與陰、本土與外來、善良與罪惡、火與水及魔與神等。這種同宗與異己之間的強烈對比可被理解為本土與外來元素間對立和差異的體現。在本章的後續內容中，我們將體驗到同宗與異己為陰陽的常規概念加入了一種群體歸屬感。

3. 神話、民間故事和傳說中各類龍的差異，例如：神話和民間傳說等文學體裁中採用的不同分類法。

以上三項差異互相補充，互為條件，三者共同構成了東方龍與西方龍之間的鮮明對比。換言之，龍現象的比較與對照可通過三個坐標軸加以體現：同宗與異己、象徵體系及龍文學的分類法。當然，其它評判方法也可用於龍學的比較研究。上述參照體系旨在為龍學的比較研究提供一個範例，而並非為其設置任何條條框框。事實上，在我的研究過程中，綜合性文學批評、民俗學和心理學研究方法均可與以上三大差異綜合運用。

我的研究體會是，無論中國龍之間的形象如何接近，它們在不同背景下卻體現出截然不同的情感和抽象概念，西方龍儘管在形象上差別很大，但它們往往都表示同一個概念——罪惡。西方龍在外形上的千變萬化和象徵意義上的高度統一與東方龍之間構成鮮明對比。也就是說，東方龍在外形上具有同質性，但作為象徵符號，卻具有異質性；而西方龍則擁有形式各異的外形和近乎一致的寓意。我們可以說，東方龍是同質化的標誌物，異質化的意識符；而西方龍則是同質化的意識符，異質化的標誌物。

	東方龍 （東亞）	西方龍 （中東與歐洲）
外形	同質性（九似）	異質性（爬行動物、鳥類和其它動物的組合）
象徵意義	異質性（在神話、傳奇和民間故事中有不同的象徵意義）	同質性（代表邪惡或征服中的障礙）

為了便於理解，我將在文中儘量避免使用「標誌物」和「意識符」等晦澀的專業術語，而更多使用形象、寓意、外貌特徵和象徵意義等通俗易懂的表達方式。我將龍視為神話、民間故事和文學作品中的一套符號系統，每一種符號均是由具體形式（形象、法力和活動範圍）和象徵內涵（寓意、涵義和概念）共同構成的。當我們在中國龍和西方龍的外形上做對比時，我們研究的是其形式。當我們論及龍的罪惡或善行等品性時，我們研究的是其內涵。龍正是這樣一種形式與內涵的統一體。例如，我們在第三章中會瞭解到，歐洲龍噴火（形式）的特殊本領彰顯出其罪惡的特性（涵義），而在第五章中，中國龍喚雨的特性則被詮釋為活力與繁榮（涵義）的象徵。

同宗與異己是本書研究的另一重要概念。休‧詹森（Wm. Hugh Jansen）是首位使用該術語的民俗學家。[4]詹森與業內其它民俗學家亨利‧蓋多（Henri Gaidoz）、保羅‧塞比約（Paul Sebillot）、阿切爾‧泰勒（Archer Taylor）、羅貝克（A. A. Roback）和艾德‧科雷（Ed Cray）一樣，十分關注一個族群採用獨特的口傳形式對另一個族群的記述。同宗是指一個族群對自身的稱呼，異己則是一個族群對其它族群的看法。根據同宗與異己這兩種截然不同的概念，我認為龍不僅對確立族群特徵具有統一化作用（同宗），而且還對塑造或鞏固不同族群間彼此的觀念具有區分作用（異己）。在某種程度上，中國神話中塑造出的同宗龍是仙界的一種象徵，各類充滿人類想像力的作品賦予龍的外形特徵充分彰顯了這一點，而被視為異己的西方龍則是魔界的象徵，作為欲望對象受到人們的強烈排斥。

　　同宗與異己的概念不僅涵蓋了族群內部關係，而且還體現出某個群體對其自身社會和自然條件所持的態度。例如，被傳說中屠龍英雄們戳入致命一擊後鮮血四濺的歐洲龍就不僅體現出歐洲人對異教或外界的傳統態度，而且體現出他們對族群內部的社會、自然和心理障礙等問題所持的理念，我將其稱之為異己元素。同樣，在古代中國宮廷懸掛的繡毯上，神龍擺尾圖案裏的中國龍不僅象徵著中國皇帝對「四鄰蠻夷之地」實行的沙文主義，同時也象徵著中國人民對「權力、和諧、自然、社會階層與神明」所持的同宗理念。同宗和異己元素通常都需要通過具體的表現形式來體現和梳理其抽象涵義。在比較龍學研究領域，同宗與異己元素的集中體現是水與火，兩者成為東方龍與西方龍諸多對立涵義中的主導要素。在本章的後續內容中，一種針對

4　詳見Wm. Hugh Jansen, "The Esoteric-Exoteric Factor in Folklore," Journal of Folktale Studies, vol. 2, 205-11; Alan Dundes, ed., The Study of Folklore, Englewood Cliffs: Prentice-Hall, 1965, 45-51. 本人對同宗和異己元素的定義要廣於詹森的定義。

「以水利為本的東方專制主義」的研究方法也許會幫助我們解釋清楚水與社會體制之間的關係。

我們對同宗與異己元素的概念進行拓展時，一定不能忘記這一概念的出發點：同宗元素通常源於群體的歸屬感，並用於維繫和鞏固這種歸屬感。中國人對神話中的龍極其敬畏，因其是文化與民族特性、傳統與權力的象徵，同時也對傳說中的龍倍加敬重，因為它能夠帶來被中國農業社會視為至寶的雨水，這兩點足以證明群體歸屬感的存在。另一方面，異己元素往往體現為同一種歸屬感的相反表達形式，因為此類元素通常源於恐懼、迷惑，以及對另一族群或自然現象的憎恨之情。異己元素可能會體現在西方神話、傳說和民間故事描繪的龍身上，也有可能出現在中國民間故事中的龍身上，但中國神話故事中的龍從未體現過任何異己元素。為了分清各類文體中的龍展現出的不同寓意，我們就需要引入另一個研究課題，即：神話、傳說和民間故事間的區別。

界定神話、傳說和民間故事的劃分標準是開展龍學研究的重要方法之一。就目前的研究而言，神話是指敘述人類遠古時期故事或事件的體裁，承傳者對自己所講述的事件和故事均信以為真；傳說與神話類似的地方在於，講述者和聽眾均對內容信以為真，但此類故事或事件發生的時間沒有神話那麼久遠，只是發生在一定的歷史時期，那時的社會生活與當今世界更為貼近；民間故事則是人們發揮想像力虛構出來的內容。這種神話、民間故事和傳說的區分方法便於我們就中國龍的不同寓意進行研討。在中國，神話中的龍、傳說中的龍王和民間故事裏的孽龍在外形上十分近似，但寓意卻各不相同。從事神話收集工作的學者們通常會強調，中國人自古便將龍視為祥瑞——一種崇高的，能夠帶來光明的神靈，令人崇拜和恭敬，它是一種有利於促進繁

榮的象徵，能夠幫助普天之下實現國泰民豐[5]，而在西方人講述的神話中，龍往往是被各類英雄人物屠殺和宰割的對象。這些神話收集者的主張在神話層面是站得住腳的，但在民間故事和傳說領域卻並不適用。儘管中國人十分崇拜神話中的龍，但在有些時候，也會講述屠殺惡龍的民間故事，內容與西方著名的民間故事集《斯蒂斯‧湯普森母題索引 300 條》（Western tales of Stith Thompson Motif 300）[6]類似。在中國和多數東亞國家，神話中的龍都是崇高神聖的，傳說中的龍通常也能與人為善，只是偶而會危害眾生。中國民間故事中的龍則與西方龍類似，被視為有待克服的障礙或死有餘辜的惡勢力。

在講述神話時，聽眾通常對其內容深信不疑。基於這種可信度，神話甚至可作為權威訊息用來答疑解惑。神話內容往往具有某種神聖感，並與宗教和民族信仰有所關聯。例如：在古代迦南人信奉的司生生化育之神巴力（Baal）對抗死亡之神雅姆（Yam）的神話故事中，龍與大海間的聖戰被視為《舊約》中種種故事的基礎，象徵著充滿神話色彩的世界創造過程。神話中的主人公並不總是人物，但他們多半擁有與人類相同的秉性；這些主人公可能是動物、神靈、惡魔或某種文化中的英雄人物，他們的言行早在遠古時代便已流傳開來，當時的世界與現在截然不同，此外，這些人物也有可能生活在其它境界，如天界或陰間。

另一方面，傳說通常與以地方志為代表的「史實」聯繫在一起。

5　如想瞭解西方人對中國龍的典型觀點，可參閱Paul Newman, The Hill of the Dragon: An Enquiry into the Nature of Dragon Legends, Totowa: Rowman and Littlefield, 1979, 99; Ernest Ingersoll, Dragons and Dragon lore, New York: Payson and Clarke, 1982, 74; Joseph Fontenrose, Python: A Study of Delphic Myth and Its Origins, Berkeley: University of California Press, 1959, 491.

6　民間故事母題序號，表現為字母后接序號形式，請參閱Stith Thompson, Motif-Index of Folk-Literature, Bloomington: Indiana University Press, 1931-36.

就這點而言，傳說往往被視為與史書，尤其是編年史對應的口頭傳承版本。與此同時，傳說還與民間信仰相互交融。例如：中國的龍王是主管雨水的天神，無論在傳說中還是民間信仰中，都是重要的神靈之一。在目前的研究當中，民間信仰中的龍與傳說中的龍被納入同一類別。

民間故事不屬於歷史範疇。不過，正如屠龍類故事所示，它們具有重要的心理和社會作用。民間故事可以將任何時間或地點設為背景，就這點而言，此類故事基本不受任何時間和地點的限制。它們也被稱作「童話故事」，但這個叫法並不確切，因為儘管民間故事中也會出現仙女、惡魔和神靈，但民間故事還是以講述人類主人公奇特經歷為主，例如：屠龍者[7]

在我們的研究當中，民間故事的主人公主要是屠龍者，而非神龍，但在神話和民間信仰中，故事的焦點往往集中於龍本身。中國的民間故事也會涉及屠龍者，但與西方故事的不同之處在於，多數中國神話是不會允許龍被作為屠殺對象的。

顯然，除我提出的分類體系外，還可以有許多方法對龍進行分類。例如：除按照上述記敘體裁進行分類外，我們還可以擴大歷代作家的探索範圍，提出將中國龍分為如下四大類的主張：

1. 護衛天空的「天龍」；
2. 負責降雨的「神龍」；
3. 居於人間的「地龍」；

---

7 瞭解神話、傳說和民間故事的各種分類與定義請參閱William Bascom, 「The Forms of Folklore: Prose Narratives,」 Journal of American Folklore, 78 (1965), 3-20; Max Luthi, Once upon a Time, Bloomington: Indiana University Press, 1970; The European Folktale, Philadelphia: The Institute for the Study of Human Issues, 1982; Alan Dundes, The Study of Folklore, Eaglewood Cliff: Prentice-Hall, 1965.

4. 看守秘密寶藏的「寶藏龍」[8]。

上述類別名稱與印度大乘佛教對蛇的四種分類十分接近：

1. 天蛇——負責支撐和守衛天庭；
2. 神蛇——負責積雲蓄雨；
3. 地蛇——負責清理並疏通河道，開闢排水渠；
4. 藏蛇——守衛寶藏。[9]

　　兩大分類體系的雷同並非偶然。我們後續將圍繞印度蛇對中國龍的影響進行探討，並大致將中國龍的傳統分類納入以三大記敘體裁為基礎的中國龍三分法：

1. 天龍相當於神話中的龍。
2. 神龍和地龍相當於傳說（民間信仰）中的龍。
3. 藏龍相當於民間故事中的龍。孽龍通常屬於最後一類。

　　區分神話、傳說和民間故事的重要意義在於三者間的差異是與同宗和異己元素緊密結合在一起的。換言之，三種記敘體裁的差異對於界定同宗和異己元素起到了「參照系」的作用。在這一「參照體系」內，西方神話、傳說和民間故事中的龍通常屬於異己或負面象徵。而中國神話中的龍則往往象徵著同宗或積極元素；中國龍既屬於同宗又屬於異己；中國民間故事中的龍與三大種類的西方龍具有相同的異己特性。因此，我的結論是：西方龍比中國龍具有更為集中的象徵意義。這與我此前對其外形的論述正好相反，即：中國龍在外形上與西方龍相比更為單一。

8　欲瞭解各類中國龍的特點，請參閱《古今圖書集成・神異典・神龍部》；《太平御覽・鱗介部》；《藝文類聚・祥瑞部・龍》；《初學記・鱗介部》；《廣博物志》。

9　Ingersoll, 1928, 45.

　　龍這一概念的形式和內容中，包含了一種可轉換的對立統一。因此，龍的形體表象和功能通常直接決定著其象徵意義。例如：水（東方龍的特性）與火（西方龍的特性）的矛盾衝突也可引申至同宗和異己間的強烈對比。進一步的調研表明，水在龍學研究中構成了重要一環，因為水既關係到龍的形體特徵，又關係到其象徵意義。在第五章中，我將就人類對於乾旱、半乾旱和潮濕環境（由作為水神的龍來象徵）的「親水」反應展開研究。由於持續的乾旱和洪澇災害，「東方」政府的職責之一便是作為水利工程的組織者，興建「水利文明」。儘管書中的理論和資料受到嚴厲批判，卡爾·魏特夫（Karl A. Wittfogel）撰寫的《東方專制主義：對極權力量的比較研究》（Oriental Despotism）[10]仍為我們探索水在「東方社會」中的歷史作用提供了有效方法。在針對東方社會，或如他所稱的水利社會展開研究時，魏特夫提出了一種全新而深刻的研究方法。根據魏特夫的方法，我們發現了作為水神的中國龍為何代表著諸多同宗特性，如：權力、和諧、吉兆、皇權、豐產和文化特性等。通過突出治水政府的顯著作用，「水利」一詞引發了人們對拜龍社會農業管理與農業官僚特性的關注。因此，水利社會的概念可幫助我們理解為何中國史前神話中的皇帝大禹被同時描繪為一位水利工程師和一條龍。

　　除形態和歷史領域的研究方法外，龍學中另一項不可忽略的重要概念便是原型中體現的心理概念。在個人「潛意識」（被塵封或壓抑的個人經歷的積澱）的背後，體現著整個人類的「集體潛意識」——包含在種族歷史，甚至是祖先生命殘留中的原型。這種原型是一種符號，通常體現為某種形象，在神話中以某人心理體驗元素的形式反覆

---

10 Karl A. Wittfogel, Oriental Despotism: A Study of Total Power, New Haven: Yale University Press, 1957.

出現。在神話、傳說（包括民間信仰）和民間故事中屢屢出現有關龍的細節描寫、圖案和文字，當中無不展現出原型本身的印記。在第七章中，我將論述龍作為一種潛意識的民族記憶，如何延續了原始人類受到爬行動物威脅後的感受，及其如何構成了人類祖先在反反覆覆的經驗中塑造出來的極具效力的一個「原始意象」群。

我的另一類研究對象是與屠龍相關的課題，這也是最古老的一種人類潛意識的原型表達方式，在神話中展現為龍與神的鬥爭，例如：蘇美爾大氣與風之神恩利勒（Enlil）、巴比倫戰神馬杜克（Marduk）、埃及力量之神賽特（Seth）、印度雨神因陀羅（Indra）和希臘的眾神之神宙斯（Zeus）。在有關歐洲古聖先賢的傳說中也可尋覓到此類原型的蹤影，例如：聖喬治（St. George）、聖菲力浦（St. Philip）、聖蜜雪兒（St. Michael）、聖凱恩（St. Keyne）、聖克萊門特（St. Clement）、聖弗羅倫特（St. Florent）、聖卡多（St. Cado）、聖保羅（St. Paul）和中國民間故事中的去非、澹檯子羽和周處等。通過對部分較具代表性的屠龍故事進行分析，我們發現龍被各類天神、聖人和英雄們屢屢屠殺，卻從未趕盡殺絕。就此我們可以看出原型的力量多麼強大，是不可能被永久抹殺的。我們之所以一遍又一遍續寫屠龍故事，原因便是龍的原型是永世不朽的。龍這種原型會引發受眾產生豐富而深刻的情感，因為它會在潛意識中喚醒一種原始的意象，一種從史前時代延續而來的幻覺，從而產生強烈的情感反應。如果說水利社會的概念幫助我們找到了龍在人類意識形態中的歷史淵源，那麼心理分析則為我們提供了一種研究方法，引領我們去探尋龍在潛意識中的史前原型。因而，龍同時擔負著向我們傳達歷史和史前含義的作用。

至此，我們已經介紹了當前研究涉及的主要方法和概念。現在，就讓我們開啟理論的序幕，邀請我們強大的主角登場。

第二章
龍的「起源」與形象

　　儘管本書的絕大部分章節旨在介紹龍的各類象徵意義，但這一章則重點關注龍的「起源」、演變和形象的形成。講起世界上各類龍的獨特起源，可以一直追溯到人類產生感受力和想像力的時代。當人類開始在木頭和石頭上繪畫或雕刻時，龍便被視為一種對客觀世界的原生態表達方式，用於表現慧眼中方能看到的龍形動物。要想界定各類龍的地理起源，難度不亞於去界定世界文明的起源。然而，有些學者卻聲稱他們已經發現了龍的誕生地。例如：弗里德里希・威廉・霍利德（Fredrich William Holiday）就聲稱龍的概念首度出現在 12,000 年前法國中石器時代，在至今約 8,000 年時，這一概念又經由亞洲傳至英國，再到北非。[1] 在沒有文化、考古或人類學佐證的前提下，這種觀點只能算作一種頗具看點的假說，其可信度與霍利德就尼斯湖怪和不明飛行物提出的論點相差無幾。[2]

　　首位癡迷於龍學研究的作家是解剖學家兼歷史學家艾略特・史密斯（Elliot Smith），他將龍視為融匯不同地域和不同歷史時期獨特文明的一種標誌物。史密斯在著作《龍的演變》（The Evolutionof the Dragon）[3] 一書中提出了最具影響力的龍文化傳播理論。在這部巨著中，史密斯認為龍是一種不同特性的混合體，與古埃及的三種神話原

1　Fredrich William Holiday, The Dragon and the Disc: An Investigation into the Totally Fantastic, New York: W. W. Norton and Company, 1973, 98.

2　Holiday, 1973, 98 ff.

3　Elliot Smith, The Evolution of the Dragon, Manchester: The University Press, 1919.

型息息相關，具體包括：

愛神哈索爾（Hathor）；

水神奧西里斯（Osiris）；

太陽神荷魯斯（Horus）。

依據龍的起源理論及對各種疑惑和假說的探究，史密斯對這類「復合不同元素構成的異獸」如何從埃及傳入其它國家，提出了一套極為清晰的思路。這套理論的前提是世界上大多數神話均是埃及神話的分支，且其它地方的龍均晚於埃及的龍。

在我看來，史密斯似乎過於誇大了龍學的研究範圍，他試圖在龍學領域內解決人類文明起源的問題。史密斯的理論存在著本質上的謬誤，因為他根本無法明確龍的本質是什麼。對於史密斯而言，蟒、蛇、蜥蜴、鱷魚和石碑上發現的一些神秘圖形與螺旋狀標誌全都貌似構成龍的原型。由一位舊石器時代的原始人藝術家在法國南部洞穴牆壁上繪製的神秘圖案往往被解釋為遠古時代的龍。但考古學家卻將其認定為巫師的傑作。這種藝術形式遍佈從冰島到秘魯的世界各地。試圖確定龍出現在世上的日期只會導致人們對如何定義這類想像中的產物進行喋喋不休的辯論。在探尋各種形象的演變過程中，艾略特·史密斯將自己稱為神話學界的達爾文。他希望為「某個傳說起源於何時？人類是在什麼時候構思出第一條龍的形象？」[4]等問題找出答案。

借助所謂的「芬蘭學派歷史地理研究法」，史密斯簡單明瞭地答覆了這些問題。芬蘭學派的方式旨在重新構建民間傳說的傳播方式。根據這種方法，「波浪狀」的傳播方式不僅會受到國際間旅行線路的

4　然而他卻未能如願以償，因為神話從來都無始無終。如需瞭解與艾略特·史密斯相反的觀點，請見Ernest Ingersoll, Dragon and Dragon Lore, New York: Payson and Clarke, 1928, 15; Paul Newman, The Hill of the Dragon: An Enquiry into the Nature of Dragon Legends, Totowa: Rowman and Littlefield, 1979, 10.

影響，甚至一本書或一幅畫都會對其產生一定的作用，但這種傳播方式通常是從一個中心點擴散至周邊的地理區域。因此，芬蘭學派拒絕承認多源發生說或民間故事、夢境、宗教儀式起源說，抑或是基於個人的天象觀察結果、原始意識形態及潛意識原型的起源理論。史密斯等「芬蘭學派」的民俗學家指出，民間的各種象徵符號通常是由「較為先進」的人群流向「較為落後」的人群。當被問及埃及人不斷拓展古代文明的同時，其它民族的人在做什麼時，史密斯乾脆地回覆說：「無所事事。」[5]

　　史密斯和其它一些「芬蘭學派」的龍學家們只不過是在各式各樣的可能性中選取一種，用於解釋龍的起源與發展。根據他們的假說，龍是在一個特定的時間和地點，由人類有意創造出來的。因此，龍的概念必然由發源地起始，歷經了極為廣博的傳播過程。史密斯稱，中國龍無疑是由巴比倫龍演變而來的，而巴比倫龍又起源於埃及，有關龍的創意於公元前三千年傳入中國陝西境內。隨後，印度龍的傳播範圍向東延伸，同時融入了巴比倫、中國和日本的元素。

　　然而，就在 1987 年 12 月，中國農曆龍年即將到來的前幾周，人們在興建黃河引水分流工程中出土了一座擁有 6,000 年歷史的龍形雕像，地點位於河南省會鄭州向北 60 公里濮陽市的雷澤。[6]與史密斯所稱巴比倫龍傳入中國的時間相比，雷澤龍的歷史早了 1,000 年，是目前中國出土的最古老的龍形圖案。現在，雷澤龍被安置於黃河北岸的雷澤龍王廟中展出。[7]這條龍被埋於一座古墓下 5 公尺深的地方，龍頭

5　如需詳細瞭解芬蘭學派，請參考Richard Dorson, ed., Folklore and Folklife, Chicago: The University of Chicago Press, 1972, 8.

6　何新：《百家文庫——談龍》（香港：中華書局，1989年），頁143。

7　這座擁有200間禪房的寺院是於1722年由康熙（1662-1722）敕造的。康熙在巡視黃河大壩工程時頒佈了此道聖旨。這座寺院與6,000年歷史的雷澤龍塑像並無關係。

朝向北方，成型時間可追溯至新石器時代的仰紹文化。[8]龍身全長
1.78 公尺，周身覆蓋著箭形鱗片。牙齒和爪子均為灰色蚌殼質地，雙
目黑白分明，舌頭為暗紅色。出土龍形塑像的河南省曾是商朝（公元
前 16 世紀至公元前 11 世紀）建都的地方。據傳，雷神便身為龍形，
居住在雷澤的一片沼澤地中。一個女孩不小心踩到了他的腳印，繼而
懷上身孕。她生下的孩子便是伏羲，同樣為人頭龍身，被視為商朝人
的祖先。

　　1971 年，內蒙古的三星他拉在考古過程中發現了一尊玉龍。這
條 C 形玉龍呈墨綠色，高 26.3 公分，寬 29.3 公分，體彎曲，吻略
向上彎曲。龍背鬃和對稱的單孔,似乎孔用於懸掛。該發現再次表
明，遼河盆地周邊的內蒙古居民在遠古時代便對龍具有清晰概念，同
樣早於史密斯所稱龍傳入中國的年代。放射性碳素斷代法和年輪分析
法均顯示這尊玉龍的製作年代為距今 5485 年（+-110）。[9]

　　然而，龍學家們仍不能據此便匆忙斷定全世界的龍均發源於中國
北部，因為龍也有可能是分別誕生於不同地點的。當前指引龍學研究
的方法論，拒絕承認多點起源理論或基於對自然現象的觀察得出的獨
立起源理論，這點令人十分遺憾。龍的形態五花八門，令人很難界定
究竟哪段神話中虛構的產物堪稱世界上所有龍的鼻祖。

　　另一方面，我也毫不否認，龍是一種文化產物，有可能會從一地
傳入另一地，例如：從中東傳入歐洲，或從中國傳向日本和韓國。如
暫時將龍的唯一起源地問題放在一邊，「分屬發源地」（通過神話理念
影響某些區域的地方）的概念似乎更容易被現階段的龍學研究界所接
受。我們並不瞭解世界上所有的龍究竟誕生於何處，但我們卻能夠為

8　仰紹文化是黃河中游地區重要的新石器時代文化，於1921年在河南省三門峽市澠池
　　縣仰韶村首度被發現。
9　孫守道：《三星他拉紅山文化玉龍考》，選自《文物》1983年第6期，頁7-10。

歐洲和東亞等部分地區的龍準確定位發源地。分屬發源地的理論可以得到歷史、考古和語言學方面的佐證。隨著人類整體文明的傳播進程，我認為世界各地的龍至少形成了三個並行的「分屬發源地」。我將針對這幾個「分屬發源地」，簡要描述龍的形態特徵和演變過程。但本書更傾向於關注東方龍在外形上的統一性和西方龍在外形上的差異性，而非糾纏於龍的神秘起源問題。

中國分屬發源地的龍

距今約六七千年前的細石器時代，遍佈中國各地的氏族和部落遺留下了豐富的文化遺產，包括：黃河中游的仰紹文化[10]，黃河上游的馬家窯文化和遼河沿岸的紅山文化等。

在仰韶、紅山和馬家窯文化的原始社會中，中國的餐具上就曾出現過龍形圖案。該階段有關龍的歷史遺跡中自然也包括此前提到的隸屬仰紹文化的蚌殼龍，出土於雷澤，距今已有 6,000 年[11]的歷史，還有隸屬紅山文化的玉龍，在三星他拉出土，成型於 5,500 年前[12]。最早將龍作為一種象徵物加以記載和使用的中國古書是《易經》，該書著於周朝，但流傳至今的《易經》版本可能成書於戰國（公元前 475—公前 221）至西漢時期（公元前 206—公 25）。據記載，龍在神話中黃帝統治的時代[13]曾出現過。《列子》記載，黃帝曾率領大軍，並以六種

---

10 就考古意義而言，此處的「文化」一詞是指同一時期、同一地區，具有相同特徵的考古遺跡的總稱。此類「文化」通常以首次發掘地點或典型遺址、遺跡命名。

11 何新，1989，143。

12 孫守道，1983，7-10。

13 參閱《太平御覽・鱗介部》；《廣博物志》。與其說黃帝是中國真實存在的史前統治者，不如說他是神話中的一位神。據野史記載，黃帝生活於公元前26世紀，比雷澤龍的年代晚了1400年。

猛獸作為先鋒，四種鳥類作為旗幟：「炎黃二帝戰於阪泉之野，帥熊、羆、狼、豹、貙、虎為前驅，雕、鶡、鷹、鳶為旗幟，此以力使禽獸者也。」[14]按照神話即歷史論的觀點，我認為這些猛獸飛禽並非真實的動物，而是被當作黃帝統治下，各部落統一沿用的圖騰。此前，各部落分別擁有自己的動物圖騰，作為統一後的部落首領，黃帝將各種圖騰結合起來，從每種圖騰動物中選取一種主要特徵，重新創造了一種新圖騰，即：更為多元化，且更具傳奇色彩的龍。這裏，我只不過是將黃帝作為所有史前部落首領的代表。任何人或古代族群都有可能是龍的創造者，而龍最終成為各部落圖騰的結合體。中國龍日後逐漸實現了標準化，即以蛇身為基礎，彙聚了多種動物的特徵。對於絕大多數中國人而言，龍的形態應當是固定的，經過大眾認可的。南宋時代（公元 1127-1279）

的羅願便在《爾雅翼·卷二八》中引用了王符描述龍時採用的三停九似之說：「王符曰世俗常畫馬首蛇身以龍，實則有三停九似之說。謂自首至膊，膊至腰，腰至尾，皆相停也。九似者，角似鹿，頭似駝，眼似兔，項似蛇，腹似蜃，鱗似魚，爪似鷹，掌似虎，耳似牛。頭上有物如博山，名尺木。無尺木不能昇天。」[15]龍的九似在一定程度上支持了我的假設，即：龍是融合各部落圖騰中的猛獸飛禽後構成的一個綜合體。

在中國文化裏，無論是在神話、傳說、民間故事還是視覺藝術中，如果龍不具備上述獨特的外形特徵，則不能被稱之為龍。與標準形象有差異的龍通常被納入類龍屬，如應龍（帶翅膀的龍）、鯉龍（無角的龍）、蟠龍（昇天之前的龍）、飛蛇（狀似飛蛇的龍）、龍魚

---

14 參閱《列子·黃帝篇》，見《諸子集成·列子》。
15 參閱羅源：《爾雅翼·釋龍》，見《古今圖書集成》。

（像魚的龍）和燭龍（表燭光和火焰的龍）。[16]

　　與其它的中國類龍屬動物相比，蛟代表的含義更為多樣。它首次出現在《山海經》（約編纂於戰國至西漢時代）當中：「浪水出焉，而南流注於海。其中有虎蛟，其狀魚身而蛇尾，其音如鴛鴦。」為《山海經》作注的郭璞緊接正文，在注釋中將蛟定義為「蛟似蛇，四足，龍屬。」[17]邁克爾・卡爾（Michael Carr）歸納了七種蛟，分別為：（1）水龍（2）鱷魚（3）無角龍（4）母龍（5）巨龍（6）鯊魚（7）美人魚。[18]

　　虯、饕餮、肥遺和夔等類龍屬設計圖形是商朝和西周銅器[19]裝飾藝術的重要特點。虯是一種帶角的龍。饕餮有首無身。據《呂氏春秋》（編纂於戰國時代末期）記載，饕餮往往「食人未咽害及其身」。[20]肥遺是一種一頭兩身的蛇，所到之處天下大旱。另據《說文解字》（編纂於公元 100 年）的定義，「夔，神魅也，如龍一足。」[21]在《莊子》（《莊周》）一書中，夔曾與蚿（一種奇特的千足蟲）展開一段對話。夔憐蚿曰：「吾以一足趻踔而行，予無如矣！今子之使萬足，獨奈何？」[22]《山海經・大荒東經》將夔描述為：「狀如牛，蒼身

16　關於類龍屬請參閱《初學集》，第三卷，三十章，1667-1671；郭璞（公元276-324）　等：《山海經》，臺北：商務印書館，1965；《古今圖書集成・神異典・神龍部》；　Michael Carr, Chinese Dragon Names. In Linguistics of the Tibeto-Burman Area, vol. 3,　Fall, 1990.

17　參閱郭璞等，《山海經・南山經》。

18　Michael Carr, 1990, 126-132.

19　有關銅器中的饕餮、肥遺、夔和虯等龍飾研究，請參閱K. C. Chang, Art, Myth, and　Ritual: The Path to Political Authority in Ancient China, Cambridge: Harvard University　Press, 1983, 56-59; Cheng Te-k』un, 「Animals in Prehistorical and Shang China,」　Bulletin of the Museum of Far Eastern Antiquities, 35 (1963), 129-138.

20　《呂氏春秋・先識覽》，見《諸子集成》，第六卷，《呂氏春秋》，第十六章，180。

21　《說文解字》，經韻樓藏版，上海古籍出版社，1981，233。

22　《莊子・秋水》，見《諸子集成》，第三卷，《莊子》，261。

而無角，一足，出入水則必風雨，其光如日月，其聲如雷，其名曰
夔。黃帝得之，以其皮為鼓，橛以雷獸之骨，聲聞五百里。」《書經》
（第五章，23-24 頁）則稱，舜帝曾命夔典樂。一些古代學者不贊同
樂官夔是獨足龍的傳說，便改變了「夔一足」（夔僅有一隻腳）的含
義。由於「足」既有「腳」的意思，也有「足夠」的意思，《韓非
子》和《呂氏春秋》將其解釋為「若夔者一而足矣。」《荀子》（第二
十一章）則將這句話闡釋為「好樂者眾矣，而夔獨傳者，壹也。」[23]

　　正如上文所述，標準的中國龍有「九似」之說，如：角似鹿，頭
似駝，眼似兔，項似蛇，腹似蜃，鱗似魚，爪似鷹，掌似虎，耳似
牛。[24]除「九似」外，我們還能夠從標準的中國龍圖案中發掘更多象
徵意義。常規的中國龍在嘴兩邊各有一條龍須。從頭後聳出的兩根龍
角宛如壯碩的凸峰。與不分叉的羚羊角或山羊角相比，龍角更近似於
帶有短分叉的鹿角；因此，結合「九似」中的另外八項來看，中國龍
與古代印章中雕刻的「羊－魚」型巴比倫龍並無衍生關係。中國龍的
鱗片和魚的鱗片更為接近，與蛇的鱗片大相徑庭。然而，龍的軀幹卻
更近似於蛇，而非魚。龍鱗與鯉魚鱗十分類似，中國龍與鯉魚之間
的關係也十分密切，因為據說鯉魚一旦躍過位於黃河的「龍門」，就
能化身為龍。中國成語「鯉魚跳龍門」的含義便是指默默無聞的小人
物通過一項壯舉震驚世界，經常用於稱讚某個秀才進京趕考後中了
狀元。

　　由於具有固定的外形特徵，中國龍看起來幾乎非常相像，但人們
總還是能夠發現一些細微差異。龍的標準化過程歷經數千年之久，且
隨著時代的變遷逐步推進。其間，龍的外形也曾發生細微變化或添添

23　邁克爾・卡爾譯，詳見Carr, 1990, 142-143。
24　羅源：《爾雅翼・釋龍》，見《古今圖書集成》，第127章，6b。

減減。[25]下面就讓我們共同來研究一下中國龍在不同時期體現出來的細小差別：[26]

1 頭部

紅山文化時期的龍通常頭部似豬，軀體似蛇，鬃毛似馬，而仰紹文化時期的龍頭則模擬人類或動物，身體近似於蛇或魚。仰韶和紅山文化幾乎與新石器時代處於同一時期，但所屬的地域體系卻不同。中國龍的頭部逐步變大，變複雜，且不同地域間的差別不大。夏（傳說中的時代約為公元前 21 世紀—公元前 17 世紀）、商（公元前 17 世紀—公元前 11 世紀）、周（公元前 11 世紀—公元前 256）時期的龍頭較小、略方且形式簡潔。戰國時期（公元前 475—公前 221），龍頭開始變長、變大。漢（公元前 206—公 220）唐（公元 618-907 年）時期的龍開始添加一些簡單的附屬元素。至北宋（公元 960-1127）時，為龍配備的各類附屬元素已變得紛繁而美麗。

2 龍角

最古老的中國龍並沒有奇特的龍角，如雷澤出土的蚌殼龍便是如此。而以內蒙古三星他拉出土的玉龍為代表的其它遠古時期的龍則根本沒有角。商朝時期的龍開始擁有棱柱形的龍角。某些商代玉器和銅器上裝飾用的龍則長有圓柱形的角。直至 1600 年後的唐朝，長角才成為中國龍的普遍特徵。

---

25 有關中國龍的演變過程，請參照邢捷、張秉午：《古文物紋飾中龍的演變與斷代初探》，選自《文物》，1984，第1期。關於不同時期中國龍的描述，請參閱楊新等：《龍的藝術》，北京紫禁城出版社和香港商務印書館，1988。

26 關於不同時期中國龍的描述，請參閱楊新等：《龍的藝術》，北京紫禁城出版社和香港商務印書館，1988；徐乃湘、崔岩峋：《說龍》，北京：紫禁城出版社，1987，54-141。

3 鬃毛

南北朝時代（公元 420-589），中國龍的鬃毛通常向後傾斜。而到了金（公元 1115-1234）、元（公元 1206-1368）時期，有些龍的鬃毛開始向前傾斜。清朝時（公元 1616-1911），多數中國龍又重新回歸到鬃毛後傾的樣式。

4 背鰭

商朝時期的中國龍沒有背鰭。漢朝的龍僅有數片背鰭作為零星點綴。唐朝時，背鰭開始變厚，明朝（公元 1368-1644）起，龍的背鰭才以對稱形式出現。

5 龍爪

自商朝至五代（公元 907-960），絕大多數中國龍的龍爪為三趾。四趾龍到宋朝時才流行起來。從元朝開始，威嚴無比的五趾龍開始成為皇室的象徵，在中國龍中享有至尊的地位。自此，根據龍趾的數量，龍逐漸被劃分為不同的等級。威武的黃色龍僅限於皇室使用，位於四肢的龍爪均需為五趾。清朝時，四品至六品[27]的官員可使用四趾龍圖案。在中國，三趾龍（日本皇室的專用龍）被普遍用於民間裝飾。

明朝曾頒佈一道聖旨，要求文武官員佩戴可表明自身官銜的方形標誌。清朝沿襲了這套官職標誌體系，並自 1759 年起，要求所有官員穿著前後帶有此類標誌的官服。皇室貴族中的上層人物均穿著飾有八個五爪龍圓形圖案的服飾。而其它文官則以九種不同的鳥型圖案作

---

27 1991 年 10 月 6 日—12 月 29 日舉行的「現存清朝皇室真絲官袍展」表明，此類規定在19 世紀末期並未嚴格執行。

為官服標誌。[28]

　　儘管各類物品均可繪製或雕刻龍形圖案，但龍的形象，尤其是五趾龍的形象卻嚴禁用於平民百姓的服裝飾品。這是因為，服裝在中國不同於其它物品，它是社會地位的象徵。1911 年辛亥革命，最後一朝皇帝被推翻。在此之前，普通人穿著五趾龍圖案的服飾常常會被人以密謀造反的罪名告發。[29]舉例而言，五代時期的趙匡胤將軍想要奪取皇權，但他卻遲遲難以下定決心。此時，趙匡胤的手下「硬把」帶有龍形圖案的黃袍披在他身上，擁戴他為宋朝的開國皇帝（公元 960-968 在位），這就是所謂黃袍加身。《宋史·卷一·太祖本紀》載「北漢結契丹入寇，命出師御之。次陳橋驛，軍中知星者苗訓引門吏楚昭輔視日下復有一日，黑光摩蕩者久之。夜五鼓，軍士集驛門，宣言策點檢為天子，或止之，眾不聽。遲明，逼寢所，太宗入白，太祖起。諸校露刃列於庭，曰：『諸軍無主，願策太尉為天子。』未及對，有以黃衣加太祖身。」這黃衣就是黃色龍袍，這龍袍是皇帝的最高符號，一穿上它，龍袍裏的人就成了龍，成了真龍天子。果然，宋史接著寫道：「眾皆羅拜，呼萬歲，即掖太祖乘馬。太祖攬轡謂諸將曰：『我有號令，爾能從乎？』皆下馬曰：『唯命』。太祖曰：『太后、主上，吾皆北面事之，汝輩不得驚犯；大臣皆我比肩，不得侵淩；朝廷府庫、士庶之家，不得侵掠。用令有重賞，違即孥戮汝。』諸將皆載拜，肅隊以入。」此後，趙匡胤感到手下將領的權力日益膨脹，對自

---

28 欲瞭解更多官服圖案，可參看1991年10月6日─12月29日在美國明尼阿波裏斯藝術學院舉辦的「清朝皇室真絲展」（Imperial Silks of the Ch'ing Dynasty）相關資料。Robert D. Jacobsen, Imperial Silks of the Ch』ing Dynasty, Minneapolis: Minneapolis Institute of Arts, 1991, 7-8.

29 此項規定也有例外。例如：元朝的林宇安只是一位普通的鄉村教師，他的壽衣上便有五趾龍。《文物》（Cultural Relics），1978年第4期。

已構成了威脅，因而迫使這些將領交出了兵權。當武官們哀訴自己的無辜和清白時，趙匡胤問道：「如有人為你們黃袍加身，你們又會怎樣呢？」[30]《宋史·石守信傳》：「乾德初，帝因晚朝與守信等飲酒，酒酣，帝曰：『我非爾曹不及此，然吾為天子，殊不若為節度使之樂，吾終夕未嘗安枕而臥。』守信等頓首曰：『今天命已定，誰復敢有異心，陛下何出此言耶？』帝曰：人孰不欲富貴，一旦有以黃袍加汝之身，雖欲不為，其可得乎。』守信等謝曰：『臣愚不及此，惟陛下哀矜之。』帝曰：『人生駒過隙爾，不如多積金、市田宅以遺子孫，歌兒舞女以終天年。君臣之間無所猜嫌，不亦善乎。』」這黃袍加身可是不得了，穿了黃龍袍，就是真龍天子，大臣穿此袍就是造反，造反可是殺頭的罪過。宋太祖說了如此重話，開國功臣自然嚇壞了，趕緊急流勇退吧。果不其然，《宋史·石守信傳》接著寫道：「守信謝曰：『陛下念及此，所謂生死而骨肉也。』明日，皆稱病，乞解兵權，帝從之，皆以散官就第，賞賚甚厚。」著名的京劇曲目《打龍袍》中，一位發心悔過的皇帝因未盡人子之孝甘願受罰。由於皇帝本人不能受到處罰，中國古代最著名的清官包拯便要求皇帝脫下龍袍，命兩名太監高高舉起，包拯開始鞭打龍袍。

　　由於中國龍除細微差異外，在外形上基本一致，龍的變化僅體現於龍鰭和龍爪等細枝末節之處，因此也可以說，中國龍的演變過程就是標準化和美化的過程。儘管彼此間相隔三千年的時間跨度，商朝龍與清朝龍看起來仍十分相似，只不過後者更為精細，比例更為合理而已。這也許正是中華文明延續性的最佳證明。

　　在吳承恩（約公元 1500-1582）撰寫的《西遊記》第四十五章中，我們可以看到對中國龍的精彩描繪。在該章結束時，一向為自己

---

30 脫脫（元）：《宋史·太祖本紀》。

呼風喚雨的能力洋洋自得的齊天大聖再次請求時常幫助自己的四海龍王現身：

> 那大聖仰面朝空，厲聲高叫：「敖廣[31]何在？弟兄們都現原身來看！」那龍王聽喚，即忙現了本身。四條龍，在半空中度霧穿雲，飛舞向金鑾殿上，但見——飛騰變化，繞霧盤雲。玉爪垂鉤白，銀鱗舞鏡明。髯飄素練根根爽，角聳軒昂挺挺清。磕額崔巍，圓睛幌亮。隱顯莫能測，飛揚不可評。禱雨隨時布雨，求晴即便天晴。這才是有靈有聖真龍像，祥瑞繽紛繞殿庭。
>
> 那國王在殿上焚香。眾公卿在階前禮拜。國王道：「有勞貴體降臨，請回，寡人改日醮謝。」行者道：「列位眾神各自歸去，這國王改日醮謝哩。」那龍王逕自歸海，眾神各各迴天。[32]

　　中龍的固有形態已成為一種傳統，不僅體現在文學中，同時也體現在藝術作品中。在有關中國龍的經典繪畫裏，我們常常看到龍的結構和代表元素。關於龍的畫作只不過是將人們對龍的口頭描述轉化為視覺表達形式。由於在人們腦海中對龍的形象已存在一種根深蒂固的觀念，只有將龍畫得「栩栩如生」才能受到人們的推崇。然而，龍只不過是一種虛構的形象，當「栩栩如生」被用於這種原本就不存在的動物身上時，這個詞似乎毫無意義。但專注於龍的畫家很清楚，人們對栩栩如生的渴求只不過是希望看到符合數千年繪畫傳統的龍。因此，龍便成為和老虎、獅子一樣，被人們普遍認知的動物，具有固定

---

31 東海龍王的名字。

32 吳承恩：《西遊記》，臺北：世界書局，1967，310。英文版中的翻譯主要參照Anthony Yu, trans., The Journey to the West, Chicago: The University of Chicago Press, 1977, 334-335. 本人在英文譯文中進行了多處修改。

的形象。畫龍點睛這個成語是說:如果龍的形象非常逼真,畫中的龍便能一飛衝天。該成語源自張僧繇的傳說,這位南北朝時代的知名畫家曾在寺廟的牆壁上畫了四條龍。圍觀的人們很好奇,不知道他為什麼不給龍畫上眼睛。張僧繇解釋說,如果畫上眼睛,這些龍便會飛走。人們不相信,便催促他快點畫上眼睛。當他給兩條龍畫上眼睛後,突然電閃雷鳴,兩條龍騰空而起。沒有眼睛的兩條龍則一直留在牆壁上。[33]這裏便指畫家筆下的龍栩栩如生地展現出數千年來形成的繪畫傳統。

宋朝《乘異記》中描寫了一位技藝精湛的畫家,他向以畫龍聞名於世。一天,一雙男女對他的畫作提出了批評,稱他畫的龍不分雌雄。這位畫家非常生氣,便問對方是否能夠分辨龍的雌雄。兩人答道,他們便是神龍下凡,願意現出原形,供畫家觀摩。於是,兩人化身為一條公龍和一條母龍。[34]據《廣博物志》(1607 年)記載,雄龍和雌龍之間的差異在於:「雄龍的角浪凹而峭……上壯下殺……雌龍的角往往垂靡鬢圓,鱗薄,尾壯於腹。」[35]這裏,對畫家提出的要求是具備模擬龍的「真實」形象的能力,而非通過想像力重新創造龍的能力。中國龍具有統一的結構和代表元素(如九似),堪稱中國最重要的傳統形象。正是由於這種延續性和一致性,這一約定俗成的形象才具備了成為民族標誌的資格,如果沒有標準化和統一化的形象,顯然無法擔負這一使命。

中國龍不僅在形象上具有高度的一致性,就連產下的子孫也近乎相同。龍女通常容貌秀美,成為少年英雄們競相追求的對象。李朝威

---

33 張彥遠(唐):《歷代名畫集》,第7章。

34 Marinus Willem de Visser, The Dragon in China and Japan, Amsterdam: Johannes Muller, 1913, reprint, Sandig Reprint Verlag, 1969, 71.

35 《廣博物志》,第七卷,第四十九章,4319。

於 9 世紀初撰寫的《柳毅傳》被收錄在著名的《唐人小說》中。這個故事講述了一位青年書生與洞庭湖龍王之女間的浪漫愛情。龍女受到丈夫的欺凌，懇求柳毅為她捎書給父母。之後，柳毅與龍女喜結連理，雙雙登入仙界。作者將龍女描繪為柳葉彎眉，身著一襲輕紗，配帶璀璨珠寶的曼妙少女。[36]故事中充滿了人情味，情節曲折，引人入勝。這個浪漫的故事後來被改編為諸多經典劇碼。

龍有九子，各不相同。龍子們並不像父輩那樣神秘，他們被雕刻在建築物上，每一條小龍都擁有自己的特徵和所司的特定位置。李東陽的《懷麓堂集》裏的說法，九位「龍子」依次為：「老大，囚牛；老二，睚眥；老三，嘲風；老四，蒲牢；老五，狻猊；老六，贔屭；老七，狴犴；老八，負屭；老九，螭吻（也有的寫作「鴟尾」）。另一個說法來自楊慎的《升菴外集》，他的排序是：「老大，贔屭；老二，螭吻（鴟尾）；老三，蒲牢；老四，狴犴；老五，饕餮；老六，蚣蝮；老七，睚眥；老八，狻猊；老九，椒圖。」此外，還有人「加塞兒」，把螭首、麒麟、朝天吼（犼）、貔貅也拉進「龍子」的行列。根據明朝陳仁錫所著《潛確居類書》記載，龍之九子具有如下特點：

1. 蒲牢，雕於鍾鈕上，取其平生好鳴的特點，以鯨魚狀長木撞擊，求其聲大而亮；
2. 囚牛，雕於琴頭之上，因善音律，雕於琴頭；
3. 贔屭，好文，用在石碑頂端的文龍。據楊升在《升菴外集》所述，贔屭代表動物因悲痛而屈服在地，因而也用於墓碑底座；
4. 霸下，善負重，力大無窮，雕於石碑底座；
5. 嘲風，平生好險，置於殿臺屋簷之上；

---

36 汪辟疆等：《唐人小說》（上海市：古典文學出版社，1958年），頁62-68。

6. 螭吻，好水，多雕於橋樑之上。也可置於建築物房梁之上用於避火。螭吻還喜好登高遠望，有時被塑以翹尾的魚形；

7. 狻猊，因其喜靜不喜動，常雕於佛座之上，形似獅子；

8. 睚眥，生性好鬥，用於刀柄、劍柄的裝飾，位於刀刃與刀柄的連接處；

9. 狴犴，置於獄門上的裝飾，平生好訟善辯，急公好義。[37]

苗龍

中國是一個多民族的國家，其中包括漢族和五十多個少數民族。漢族的人數最多，分佈於全國各地。少數民族的總人口約為九千萬。他們多半都擁有自己的龍文化。例如：苗族是居住在中國南部的一個少數民族，他們便擁有鮮活而生動的龍文化。苗族和其它部落從前曾居住在長江沿岸，這些部落都擁有極具傳奇色彩的首領，其中最知名的人物當屬伏羲和女媧（也可能有別稱）。伏羲為人首龍身，是第一個用繩結網捕獵的人。在女媧時代，四根擎天柱意外折斷，導致天傾地陷，洪水氾濫，大火蔓延。女媧以山頂堆巨石為爐，煉出補天的五彩石。隨後，天地定位，洪水歸道。和伏羲一樣，女媧在漢族人和苗族人的心目中，也被視為人首龍身的形象。[38]

漢族人將龍視為貴族和皇權的象徵，而苗族人則將龍用於裝飾和設計各種剪紙、刺繡及普通婦女兒童的服裝。與標準化且威嚴高貴的

---

37 楊升在《升菴外集》第九十五章中對龍爪的描寫略有不同。許吟秋也曾講道：椒圖可刻於門把上、饕餮用於刻在食物器皿的蓋子和兩側上。另見《廣博物志》，第七卷，第四十九章，4318。

38 關於伏羲和女媧是否為苗蠻各族神明的探討可參見聞一多：「伏羲考」，選自《聞一多全集》（北京市：三聯書店，1982年），頁25-68。

漢族龍不同，苗族龍的形式生動活波，包括：蜈蚣龍、花龍、蟲龍和蟹龍，還有與伏羲、女媧一樣的人首蛇身龍。苗族的山龍被人們視為掌管大地的神獸，頭上長有牛角。

牛龍是苗龍中最受喜愛的種類，因為牛是苗族人最重要的家畜。在一個苗族神話中，牛龍創造了整個世界，它用牛角挖出了河流，並幫助人們耕犁田地。伊朗也有一個類似的創世神話，體型巨大的原牛（Geush Urvan）被譽為創造萬物的元祖，它用鮮血哺育了所有植物和動物。

有些苗龍彷彿是古代中國龍的活化石，尤其展現出新石器時代仰韶文化和紅山文化的特色。例如：苗族的牛龍就與遼寧牛河梁出土的新石器時代的玉豬龍十分相近。與後來的漢龍相比，牛龍與豬龍在樣式上均十分簡單，身體部分還創作得不夠完善。然而，它們卻充滿了生命力，展現出淳樸自然的風格，尤其是農耕文化的精髓。雖然苗龍看似直接傳承了古代中國龍的形式，但苗龍和漢龍在其長期演變過程中，均形成了自己獨特的風格。[39]

日本、朝鮮與不丹龍

由於字數限制，本節我將一併介紹三個國家的龍。在吸收中國元素之前，日本和韓國早已擁有悠久的龍文化。但標準化的中國龍還是被其鄰國廣為借鑒。「你見過龍嗎？」岡倉天心在《日本的覺醒》一書中問道，「靠近龍時要極其小心，因為沒有人能夠在見到龍的真面目之後活下來。」東方龍並非中世紀幻想出來的恐怖怪獸，而是代表力量與德行的神靈。龍主變化，本身便極具活力。我們通常將龍與至

---

[39] 北京中國藝術博物館，現代苗族剪紙與刺繡展，北京，1988。

高無上、永不衰敗的皇權聯繫在一起。龍極其神秘，不是藏身於高不可及的山洞，就是盤踞於深不可測的海底，靜候著覺醒的時機。它會在雷雨和烏雲中舒展身形，置身沸騰的渦流，隱匿在黑暗中梳洗自己的鬃毛。龍爪形成銳利的閃電，雨水擊打下的松樹林發出陣陣怒吼，閃爍的龍鱗在林間忽隱忽現。」[40]經過一代代日本藝術家的打磨，日本龍的形態也日益規範起來。日本龍是汲取多種元素構成的巨獸，面部眉頭緊鎖，龍角長而直，蛇形軀體上覆滿鱗片，背鰭直聳，四肢長有龍爪，肩部和臀部帶有火焰般的鋸齒狀附肢。龍爪通常為三趾，偶見四趾或五趾。

　　日本和中國一樣，龍在早期文獻的記載中都屬水神，同雨水、河流及風暴密不可分。由 Yamada Yorikiyo（又名 Doan，公元 1571 年）創作的日本繪畫作品「龍虎鬥」構思獨特，威武兇猛的虎和龍分居畫面左右。構成畫面內容的其它元素還包括：狂風席卷著黑色的暴雨和烏雲，掀起巨浪，一派疾風勁雨的景象，彰顯著大自然無窮的創造力。[41]日本龍通常被視為颱風的製造者，繼而又延伸為地震的引發者。由漩渦席卷著巨大的水柱射入天空，這種現象被形象地稱為龍捲風。[42]在日本，人們認為日蝕是由於巨龍想吞沒太陽造成的。在中國，民間同樣流傳著「天狗」食日的類似傳說。日本龍具有利益眾生和毀滅萬物的雙面性。因此，在受到中國和印度的影響後，日本龍的本土化概念很快便與外來概念相互結合。蛇是構成日本龍的重要元素，而龍在日本通常是海神的化身。古代的日本海神往往是雌性的水蛇。在中國影響日本以前，經東南亞從南部傳入日本的文化勢力著重

---

40 Okakura-Kakuzo, The Awakening of Japan, New York: Japan Society, 1921, 77-78.

41 明尼阿波裏斯藝術學院舉行的巨型水墨畫展，編號為 "Centennial Purchase Fund, 83.75.1, 2."。

42 de Visser, 1969, 220.

於突出龍身上的蛇形元素，及龍與熱帶海洋間的緊密聯繫。

被視為雨神的日本龍基本等同於中國的龍王，同時也與印度龍十分近似。據《日本書紀》（修撰於公元 720 年）記載，伊澤奈崎（Izanagi）將火神 Kaguzuchi 砍為三段，每一段又化身為一位神靈，分別是：Kura-okami，Kura-yama-tsumi 和 Kuramitsu-ha。[43]第一位 Kura-okami 是主管雨雪的神。Kura 在中文裏的含義是黑暗。Okami 在中文裏則同時包含了雨和龍的意思。在風土記時代（公元 713 年），「蛇龍」在日文中念作 Okami。[44]以上訊息均表明，雨雪之神 Kura-okami 是一條龍或蛇。[45]在《日本書紀》時期，即 8 世紀初，有關印度蛇神的傳說開始滲透到日本水神的故事當中。[46]在日本海神 Oho-watatsumi no Mikoto 的名字（包括海蛇的字樣）及其位於海底的宏偉宮殿中，我們也能發現印度龍的影子。然而，雖然與印度龍關係密切，但許多日本龍仍具有中國特徵，因為印度神話主要是經由中國傳至日本的。因此，日本龍可以說是日本原創龍、中國龍和印度龍的結合體。

在一個古老的日本傳說中，日本海神 Oho-watatsumi no Mikoto 的女兒 Toyo-tama-bime 在龍宮門前看到一位少年映入井中的英俊面龐，便決定與這位少年結為夫妻。兩人在富麗堂皇的海底龍宮居住三年後返回人間。當龍女生產時，這位少年違背了她的要求，偷窺到了龍女產子的過程。Toyo-tama-bime 非常生氣，毅然返回了龍宮。根據《古事記》（編撰於公元 712 年）的描寫，年輕人看到他的妻子變為一條鱷

---

43 Nihongi, Kokushi taikei edition, ch. 1, vol. I, 13.

44 Bungo Fudoki, written A.D. 713, Gunsho ruiju, vol. XVII, nr 499, 1126.

45 de Visser, 1969, 135-136.

46 de Visser, 1969,179.

魚（日文發音為 wani，中文發音為 e）。[47]但據《日本書紀》記載，這位年輕人看到的卻是妻子化身為一條龍。[48]這個人類與龍女通婚的故事類似於中國唐代小說《柳毅傳》。海神 Oho-watatsumi no Mikoto 深藏海底的宏偉宮殿無疑源自印度傳說。這個故事完美結合了有關海神 Oho-watatsumi no Mikoto 的日本本土傳說、中國龍的故事和印度龍的傳說。

在遙遠的古代，當朝鮮還未受到中國影響時，對龍的崇拜便已久久流傳。朝鮮龍（中文「龍」在朝鮮語中的發音為 riong）與中國龍一樣，春季升入天界，秋季潛入水底。朝鮮龍是活力、力量和權勢的象徵，總與水、雲或自身守護的神聖寶物息息相關。這種慈善仁愛的形象無疑源自中國龍友好、可敬、令人崇拜的特性。然而，對蛇極度崇拜的印度僧人通過引入佛教戒律和印度人對龍的雙面觀點，在一定程度上破壞了朝鮮人崇高的信仰。朝鮮龍開始變得兇猛殘酷，用令人畏懼的法術統治著大地。傳統的朝鮮龍丟棄了以往歡快喜慶的形象，變身為可怕的水蛇，潛伏於每個水池當中，令大大小小的湖泊充滿恐怖氛圍。

不丹是東喜馬拉雅地區的一個小國，北連西藏，南接印度，舉國上下風景如畫，令人讚歎不已。龍在不丹屬吉祥之物。現在的不丹國旗便以龍為主圖案，其形象與標準的中國龍十分接近。[49]1911 年以前，不丹與中國皇帝往來密切，當時中國皇室的標誌就是一條五趾龍。為了向中國皇帝表達敬意，同時也便於區分，不丹國旗選用了三趾龍。不丹龍具有多種象徵作用。首先，不丹的國名具有「龍之國

47　Kojiki, Kokushi taikei edition, vol. VII, 59.

48　Nihongi, Kokushi taikei edition, vol. I, ch. II, 63. de Visser, 1969, 139.

49　不丹國旗詳見Whitney Smith, ed., Flags: Through the Ages and Across the World, New York: McGraw-Hill Book Company, 1975, 229.

度」的含義。其次，龍還象徵著雷，因為在不丹崎嶇不平的山谷和高聳入雲的山峰間總能聽到隆隆的雷聲，傳說那便是龍的吼叫。

不丹的國旗是長方形的，由兩個對接的三角形組成，左上方的金黃色三角形象徵國王的權力，這同中國一樣。右下方的三角形為橘紅色如同袈裟，象徵佛教的精神力量。主要圖案是一條爪子登住四顆白珠的白龍。白龍象徵國家的力量與團結，代表「神龍之國」不丹，四顆白珠表現威力和聖潔。當年，為了表示對中國皇帝的尊重，不丹國旗上的龍為三爪而非五爪。因為不丹曾經接受中國的冊封，故而不丹國旗有龍，不丹國旗上的龍嚴格遵照中國藩屬的規格，採用的是三爪白龍，是藩王級別的表現。五爪黃龍只有中國皇帝才可以採用。不丹受中國文化影響很深，不丹人喜歡中國龍，認為龍掌管著雷雨，給人們帶來風調雨順，這和中國民間的龍王類似。不丹在喜馬拉雅山南麓，境內山巒密佈，山谷縱橫，雷聲在山谷裏迴響，雷鳴就是龍吟，具有感天動地的威力。所以，不丹人稱自己的國家為「龍之國」，並把龍作為自己國旗的主要圖案。

印度分屬發源地的龍

印度有許多關於龍的神話故事，但首當其衝的一定是：勇鬥惡龍弗栗多（Vritra）的神話。弗栗多是某些吠陀語古詩中的主人公，在其它詩作中也時常被提及。他在梵文作品中擁有強大的生命力，這點在詩集《黎俱吠陀》和《耶柔吠陀》中表現得尤為突出。[50]與埃及的賽特和希臘的堤豐一樣，上帝的敵人弗栗多也被描繪為巨蛇、野豬和

---

50 Rig Veda, 1.32, 1.52, 1.80, 2.11, 3.32, 4.18, 5.32, 6.17, 8.96, 10.114; Taittiriya Sanhita, 2.4.12, 2.5.2f.

龍的形象，[51]他在創世之初便造成洪水氾濫。在成長過程中，狡詐、
邪惡、狠毒而貪婪的弗栗多食量越來越大，最終他喝幹了所有河水
（宇宙間所有的水）。同埃及的阿貝普（Apep）非常相像，弗栗多也
盤踞在黑暗邊界的高山上。古印度的人口構成也許有助於我們瞭解印
度龍類似於西方龍的原因（以埃及的賽特和希臘的堤豐為代表）。約
公元前 2400 年，雅利安人便穿越印度的西北通道，遷移到旁遮普地
區。這種移民活動持續了近 1000 年。至公元前 1500 年，印度人口已
由入侵北部地方的雅利安人和此前的印度土著居民兩部分構成。古印
度龍與埃蘭和迦勒底古國的龍十分接近，當時各國間已有往來。然
而，美索不達米亞地區的龍遠不如印度龍那樣令人心生敬畏。當然，
印度蛇原本就比美索不達米亞地區數量多且危險性高。人們對印度神
蛇的崇拜並非體現在龍身上，而是更多地體現在蛇神那伽（Nagas）
身上，這是一種貌似龍的神秘眼鏡蛇。

　　據歷史記載，那伽是擁有同一姓名的族群[52]，也許是崇拜蛇的斯
基甫種族，他們穿越喜馬拉雅地區來到印度，卻與印度人截然不同。
在古印度神話中，蛇神那伽被描繪為三種形式：守衛珠寶的眼鏡蛇；
頸部生出四條蛇的人或長有翅膀的海怪，上身為人，通常頭部長角，
下部為蜷繞的龍身。眼鏡蛇形式的那伽尤其令人敬畏。印度的眼鏡蛇
極多。每當受到驚擾，它便挺起上身，保持直立姿態，肋骨處膨脹，
準備發起致命的襲擊。眼鏡蛇的噬咬足以令人斃命，毒液的起效速度
非常快，短則幾分鐘，長不過數小時，便可置人於死地。在印度的某
些地區，眼鏡蛇被視為聖物，即使生活在人類的居所也不會受到干
擾。對人類具有致命威脅的眼鏡蛇卻被印度人當作神話中那伽蛇神的
化身或偉大卻可畏的那伽侍者的代表。

---

51 Taittirya Sanhita, 3 B.
52 現居住於那加蘭邦的藏緬人。他們至少在語言上與遙遠的中國漢族一脈相承。

　　此外，那伽還是神話中的蛇神，他們的國王擁有強大的法力和無盡的財富，居住在深海、湖泊和地下世界（Patala Land）中的宏偉宮殿內。那伽也不總是邪惡的，通常他們只在受到欺辱時傷害人類。除了致命的毒液外，那伽還擁有長生不老的仙丹，能夠獲得永生。他們主管雨水，能夠製造雷電，負責守衛財寶，其行為可謂亦正亦邪。在一個尼泊爾傳說中特別介紹了那伽與天氣，尤其是雷雨之間的關係：Gunkamdeva 國王打敗了那伽。於是，那伽逐一用自己的鮮血畫出自畫像，並承諾人類只要祭拜畫像，雨水便會降臨。直到現在，人們在乾旱時仍在敬拜那伽神像。[53]憑藉千里眼、順風耳的非凡法力，那伽王擁有無盡的珠寶、美女和強大的魔力。與中國的龍女一樣，那伽少女在現出人形時也擁有難以形容的美貌，她們同樣會與凡人通婚。佛教徒認為佛陀化緣的缽盂便是那伽贈送的，且在佛陀得道後，那伽一直負責保護佛陀不受雷電的傷害。

　　在那伽蛇神的特徵中，我們可以看出中國龍王的影子，也就是中國傳說或民間信仰中的龍。隨著佛教和佛經傳入中國，有關那伽的傳說也隨之而來，印度龍的神話開始在中國的傳說、民間故事和民間信仰中流行起來，或是重新取了中國名字，或是作為新的元素融入中國故事當中。印度蛇神那伽無論在形態還是行為上都與中國龍十分相似。因此，那伽被直接翻譯為「龍」。西晉（公元 265-316）竺法護（Dharmaraksa）在《佛說海龍王經》中介紹說，佛在靈鷲山講經說法，海龍王前來聞法，並誠邀佛陀前往海底龍宮為眾龍講法。中國的許多文獻古籍中均能找到有關印度龍的資料。

　　1607 年編纂的《廣博物志》便包含眾多有關印度龍的訊息，多

---

53 Maria Leach, ed., Standard Dictionary of Folklore, Mythology, and Legend, San Francisco: Harper and Row, 1984, 780.

半出自《洛陽伽藍記》《法苑珠林》和《仙佛三未經》[54]等佛教典籍。
隨著印度龍文化的入侵，中國本土的龍開始分化為三大類：神話中的
龍基本保留了中國龍原有的正面象徵意義；民間信仰中的龍則被視為
雨神；民間故事中的龍同典型的西方龍一樣，成為被弒殺的對象。因
此可以說，印度龍從風格和象徵意義上均扮演著東亞龍與西方龍之間
的橋樑角色。

中東分屬發源地的龍

　　蘇美爾人發源於美索不達米亞南部地區（現在的伊拉克境內），
堪稱人類歷史上最古老的文明之一。約公元前 4,000 年，蘇美爾人在
底格里斯河與幼發拉底河流域的肥沃平原定居下來，並與當地族群逐
漸融為一體。蘇美爾人早在公元前 3,100 年便發明了楔形文字。[55]至
公元前 2,500 年，蘇美爾人便能夠用文字記錄下人們口頭表達的任何
內容，於是文學創作也隨之興起，這其中也包括有關龍的神話。針對
蘇美爾龍的形態學研究顯示，這種龍汲取了不同動物特徵的混合體，
特別是蛇等極具進攻性和危險性的動物。我們可以據此對中東地區
的龍有一個初步瞭解，龍這種動物在蘇美爾人的觀念中屬於「敵對
者」的範疇，之後這一概念又與邪惡緊密聯繫在一起。

　　蘇美爾龍最早的原始形象是蛇，有些學者認為全世界龍族的沿襲
可以追溯到同一個始祖，即蘇美爾神話中發動大洪水的神祇「祖」
（Zu）。在蘇美爾文化中地位最為重要的神靈是恩利勒（Enlil），他起
初便是一個河神，後來逐步掌管了乾旱地區和天界。蛇神（也稱龍

---

54 參閱《廣博物志》。
55 目前已知的閃族文學殘本約有10000件，其中3500件保存在賓夕法尼亞大學。

神）祖盜走了恩利勒放在腰間的碑刻，上面刻有掌管整個宇宙的天條。太陽神尼努爾塔（Ninurta）應恩利勒之命射殺了祖。這個故事也就此成為其它古代族群在神話故事中描繪天神捕殺巨龍的先例。[56]

蘇美爾人被後來的美索不達米亞人同化，但後者卻繼承了蘇美爾關於龍的觀念。眾神之母提亞瑪特（Tiamat）是美索不達米亞神話《創世的七塊泥板》中最古老的龍。提亞瑪特的丈夫是眾神之父阿普蘇（Apsu），眾神持續不斷的手舞足蹈和喧囂吵鬧惹惱了提亞瑪特。[57]當她決定與眾神宣戰後，眾神面對提亞瑪特無不畏懼退縮馬杜克（Marduk）原不在眾神之列，但卻在對抗海龍提亞瑪特的鬥爭中成為眾神之首。以彩虹弓、閃電和旋風網為武器，馬杜克駕馭暴風雨奮勇向前，迎戰提亞瑪特和她的侍從。馬杜克先是用網罩住了提亞瑪特，當提亞瑪特張開大口試圖吞掉自己時，馬杜克利用狂風令提亞瑪特無法閉嘴，同時向其口內射入一箭，直中對方心臟。馬杜克隨後著手重建天地萬物的秩序。他將提亞瑪特這條巨龍的身體一分為二，一半在上成為蒼穹，另一半在下成為大地。通過喉嚨射殺提亞瑪特便成為突破惡魔弱點的原型，常常作為創作神話故事的基本架構。歐洲屠龍者的故事都大大得益於提亞瑪特的神話。提亞瑪特被視為大海或原始生命的化身。賽特相當於埃及的提亞瑪特。在埃及最古老的神靈中，太陽神「拉」（Re 或 Ra）是級別最高的主神。他的對頭便是賽特，一種貌似龍的水怪，賽特的手下也都是形如鱷魚或其它兇險動物的河怪。後面我們還會介紹一種外形如巨蛇的爬行怪獸阿貝普（Apep）。賽特的壽命很長，也有學者認為阿貝普可能就是龍神賽特年老後的形象。在希臘神話中，阿貝普或賽特堪比堤豐（Typhon），即另一種外形似龍的神獸。

---

56 Cavendish, 1983, 690.

57 眾神可能也計劃消滅提亞瑪特，因為她一直在阻止世界新秩序的建立。

艾略特・史密斯（Elliot Smith）宣稱全世界的龍均起源於埃及，
儘管這一理論未免武斷，但如果說歐洲的龍發源於埃及，並受到亞洲
的一定影響，還是有道理的。下面就讓我們以埃及的賽特與希臘的堤
豐兩者間的關係為例，闡明西方龍的中東起源問題。在希臘神話中，
堤豐是一頭主管風和火山爆發的巨型怪獸。他是冥淵神塔爾塔羅斯
（Tartarus）與地母蓋亞（Gaia）的兒子，腿部如盤曲的巨蟒，身上
毛髮纏結或長有翅膀，最顯著的特徵便是長有一百個龍頭，每個頭均
發出不同的恐怖吼聲。所有這些特徵均與賽特近似。在有關堤豐的各
種故事版本中，眾神均對堤豐十分畏懼，因而他們逃往埃及，並將自
己化身為動物，以躲避堤豐。堤豐曾砍斷宙斯的手足筋，令其致殘。
他將宙斯藏於山洞中，用熊皮包裹砍下的手足筋，並部署一頭龍看管
宙斯。最終，被解救的宙斯將堤豐囚禁在地獄，也有說法稱宙斯將堤
豐流放至某個火山頻發的地區。這個宙斯與堤豐間的神話故事同奧西
里斯與賽特間的埃及神話十分相像。

公元前 6 世紀，希臘人認識到堤豐神話與賽特、奧西里斯
（Osiris）及荷魯斯（Horus）神話間的相似性，於是開始將賽特與堤
豐相提並論起來。事實上，希臘人很快便將這兩個神話結合起來，上
面提及的眾神逃往埃及，並為躲避堤豐化身動物的故事被加入了堤豐
的神話。希臘抒情詩人品達（Pindar，公元前 518—公前 438）是最早
描繪眾神逃避堤豐的作家。[58]而品達與希臘三大悲劇詩人之一阿奇襄
斯（Aeschylus，公元前 525—公前 456）對該故事的描述也存在著驚
人的相似性，彷彿其中一位詩人是受到另一位詩人的影響，或者兩人
是利用同一素材進行創作的。阿奇襄斯筆下的堤豐居住在中東的山洞
裏，這頭威力極大的怪獸與眾神為敵。他企圖終結宙斯的統治，但最

終宙斯用霹靂將堤豐炸得粉身碎骨。[59]希臘最早的詩人海希奧德（Hesiod，公元前 8 世紀）筆下的堤豐似乎也源自中東。堤豐的妻子艾奇德娜（Echidna）居住在中東的山洞裏。堤豐與艾奇德娜的子嗣包括：歐特魯斯（Orthos）、刻耳柏洛斯（Kerberos）、海德拉（Hydra）和客邁拉（Chimaira）。[60]

　　堤豐不僅在外貌和行為上體現出中東龍的影響，在象徵意義上也映像出中東龍的特徵。歐洲龍身上的中東特徵對於我們研究西方龍具有重要意義，因為我們由此可以證明中東是西方龍分屬發源地的假說。另一方面，中東起源說的另一個假設前提是龍在西方人眼中原本就是一種來自異域、異教或外族的魔獸。其它歐洲龍也和堤豐一樣，身上具有某些中東的印跡。事實上，中東龍早在傳到歐洲以前，便被視為一種魔獸。沙漠現象在古代中東人的腦海中實際被看作一種無邊無際、利害參半且難以解釋的神秘事物，一種活力與衰敗、黑暗與光明、利與害、善與惡的混合物。古代中東人對於環境的最大恐懼莫過於風暴、高溫、大火和大片荒地及生長在那裏的野獸與魔怪，而在這當中，乾涸荒蕪的沙漠與棲居在沙漠中的毒蛇更是尤為恐怖。龍神賽特集中體現了中東人對沙漠的恐懼感，其外形便給人一種毒蛇般的危險感，同時還被描繪為一頭噴火的怪獸。正因如此，賽特被當作太陽神和生命之神「拉」的死對頭。對於歐洲人而言，中東龍的惡魔形象往往被用來象徵乾旱時，大自然強大的破壞力或異教徒的邪惡勢力。歐洲人在繼承中東龍兇惡外貌的同時，也繼承了其負面的象徵意義。

---

59 Aeschylus, Prometheus Bound, 353-374.

60 Hesiod, Theogony, 295-325. 關於堤豐與埃及和小亞細亞的關係的近期研討成果可參閱Joseph Fontenrose, Python: A Study of Delphic Myth and Its Origins, Berkeley: University of California Press, 1959, 177-194; Ingersoll, 1928, 13-50; Newman, 1979, 1-12.

歐洲龍和中東龍後來逐漸演化為同一事物。為了便於表述,同時也為
了確保概念的準確度和完善性,本書中所研究的西方龍一般同時包括
中東龍和西方龍兩部分。

　　與中國龍高度一致的外形特徵不同,歐洲龍和中東龍,也就是我
們統稱的西方龍,在外表上差別很大。因此,我們往往會對形態各異
的西方龍混看不清。希臘語中的「drakon」是蛇的意思,通常是指形
體巨大的蟒蛇。古羅馬知名作家普林尼(Plinius,公元 23-79)筆下
的龍,為了抑制自己在春季的不適感,拼命尋找僵人掌汁,這顯然描
寫的是沙漠中的蛇。普林尼在《自然史》第 29 卷中稱龍為無毒液的
蛇。紋章龍長有許多毒牙,腿部長有四趾爪,背脊上聳立著尖刺,從
尖銳的鼻子一直延續至布滿鈎刺的尾部。

　　然而,我們還需要注意的是,西方龍的參照物十分廣泛,「龍」
這個詞在西方文獻中,尤其是中世紀歐洲的文獻中,並不一定是指爬
行類的怪獸。對於中世紀的古人們,龍往往會令人聯想起各種奇特卻
令人憎惡的形態,或是各種動物的結合體,東方龍則不會起到同樣的
效果。在歐洲,龍可用於表述蛇、鱷魚,甚至是小怪獸或非爬行類動
物。下面就讓我們共同來瞭解一下西方龍的各種不同形態:

1 爬行類巨獸

　　埃及蛇神賽特的外形如同鱷魚,這種爬行動物的形態在印歐民間
故事中著名的蜥蜴龍身上表現得尤為突出。賽特還常被混淆為另一種
尼羅河怪獸:河馬。有時,人們也會將賽特想像為豬、霍加皮(一種
非洲鹿)、驢或羚羊,但主要還是將其描繪為爬行動物的形態。[61]與

---

61 關於賽特(Seth)的具體形態,請參閱 Wilhelm Rocher, ed., Die Gorgonen und
　Verwandtes, Leipzig, 1879, 4. 781; E. Douglas Van Buren, "The Dragon in Ancient
　Mesopotamia," Orientalia, N.S. XV 1-45; Fontenrose, 1959, 70.

宙斯展開惡鬥的堤豐，即歐洲版的賽特，整體為巨人形象，上半身似人形，下半身似蛇形；腿部就是幾條蟠曲的蛇。堤豐是龍、巨人和怪獸的結合體。他的獨特外形充分證明了民間故事中怪獸種類繁多的特性。

其它的西方龍軀體也多為蛇形。「wyvern」一詞源於撒克遜語中的「wivere」（毒蛇）或「serpent」（蛇），軀體呈螺旋狀，長有一雙鷹腿，蜷縮在翅膀下方。還有一種龍稱為「guivre」，無腿也無翅膀，儘管形體龐大有力，但看起來仍如蛇狀，只不過長有碩大的龍頭、龍角和龍鬚。「lindworm」（鱗蟲類）是介於前兩者之間的一種龍，身體為蛇形，長有一對腿。意大利旅行家馬可・波羅曾記載，他在橫跨中亞大草原時曾見到過鱗蟲類動物。[62]

2 陸棲猛獸

有些西方龍狀似陸棲哺乳動物。他們下頜短小，尾巴健碩而有力，是他們的破壞工具，他們依靠吸食撲殺後的動物鮮血為生。公元前 6 世紀，巴比倫伊什塔爾城門上的龍便是此類龍的典型代表；[63]芝加哥大學東方研究所收藏的圓章上刻有這種七頭巨龍與美索不達米亞眾神征戰的場景；[64]在蘇薩城發掘的古代印章上雕刻著上身為鷹，下身為獅子的龍；[65]這頭龍最終被聖瑪格麗特徵服，由拉斐爾（Raphael）繪製。[66]聖約翰看到的這只七頭怪獸「貌似豹子，腳如熊掌，嘴似獅子，正是這條龍賜予了聖約翰力量、皇位和偉大的統治權。」（《啟示錄》13：2）

---

62 The Enchanted World: Dragons, Chicago: The Time-Life Books Inc., 1984, 32.

63 Newman, 1979,111.

64 Fontenrose, 1959, 148.

65 Ingersoll, 1928, 46-47.

66 同上，1928，154。

3 翼龍

　　飛蛇、蜥蜴或其它帶翼的爬行獸類是西方龍中另一種常見的類型。他們既能在天空中飛翔，又能夠在深海中遨遊。這類怪獸通常先噴出火焰或利用自己碩大的尾巴致對方於死地，然後再張開足以吞沒人類和馬匹的血盆大口吃掉對方。在西方龍中屬於該類型的例子包括：大英博物館收藏的圓印上雕有最古老的巴比倫龍提亞瑪特（Tiamat）。[67]希臘繪畫中皮同（Python）與阿波羅（Apollo）

　　激戰的場景，[68]英國赫裏福德郡的穆狄福德龍（Modiford Dragon），埃塞克斯的飛蛇，[69]被古斯塔夫（Gushtap）殺死的波斯龍（Persian）仍保存在科克倫大都會收藏博物館（Cochran Collection Metropolitan Museum）。[70]在尼羅河與阿拉伯半島都能「找到」無腿有翼的飛蛇，這種兩棲動物負責守衛名貴的乳香樹，震懾著任何企圖盜取樹脂的人。[71]法國人皮埃爾·貝隆（Pierre Belon）在1557年出版了動物繪圖集，其中有一幅木刻畫，雕刻的便是一條長有雙腿和飛翼的龍。這幅畫的名字叫做「翅蛇像」（Portrait of the Winged Serpent），圖案下方還有一首四言小詩：

> Dangereuse est du Serpent la nature.
>
> Qu'on voit voler pers le mont Sinai.
>
> Qui ne seroit, de le voir, esbahy,
>
> Si on a peur, voyant sa pourtraiture. 72

---

67 Ingersoll, 1928, 46-47.

68 Fontorose, 1959, 17.

69 Newman, 1979, 148, 193.

70 Ingersoll, 1928, II.

71 The Enchanted World: Dragon, 1984, 32.

（西奈山前盤旋的飛蛇

其本性必定兇險無比。

這點絲毫不足為奇

它的外表便足以令人戰慄。）[72]

　　翼龍的外表總是令人不寒而慄——兇險的雙翼形似三角尖刀。「也許在人們的潛意識中，這種雙翼毛髮叢生的惡魔是所有怪獸形象中最為不祥的徵兆，」文森特和 V.B. 普萊斯認為，「它如同地獄中飛出的魔鬼、石像鬼或吸血蝙蝠。由於某種原因，只要想到那雙皮膚與血管暴露在外的翅膀，人們便會從後背滲出陣陣涼意。[73]拍打著雙翅的翼龍顯然是兇狠的惡魔。即使是在怪獸盛行的時代，也沒有比這種巨型翼龍的邪惡形象更令人畏懼的了。

4　多頭龍

　　有些西方作家、故事講述者和藝術家認為龍是半人半獸的樣子，因此開始將龍的外形設計為一男一女兩個頭，使其形象與此前相比愈加恐怖。龍通常被描繪為多頭怪獸，例如：與宙斯惡戰的堤豐有一百個頭，龍鬥士蘭斯洛特降服的三頭龍和煉金術士的多頭龍那伽利（Nagari）。《新約全書》（《啟示錄》12：3）中也舉了一個例子：

　　中東分屬發源地的龍「天空中出現了另一個引人注目的奇觀，一條紅色巨龍長著七頭十角，頭戴七頂冠冕。」怪獸艾奇德娜（Echidna）和堤豐的後代海德拉（Hydra）同樣是希臘神話中的多頭蛇（或稱多頭龍）。海德拉的身體如狗狀，長有九個蛇頭（但也有版

---

72 Colin Clair, Unnatural History: An Illustrated Bestiary, London: Abelard- Schuman, 1967, 184.

73 Vincent Price and V. B. Price, Monsters, New York: Grosset and Dunlap Co., 1981, 12.

本稱其長有 10,000 個頭）。中間的頭可得永生，其它的頭一旦被砍
斷，便會長出雙倍的頭來。海德拉的毒性極強，它所到之處留下的任
何氣息和味道都足以令人致命。海格立斯（Hercules）的十二項英雄
事蹟之一便是射殺統治賴爾納（Lerna）聖地的海德拉。每當他砍下
海德拉的頭顱後，便用火燒灼傷口，通過這種方法終於殺死了海德
拉。海格立斯將中間不朽的蛇頭砍下後埋到了一塊巨石下面。

　　無論在《舊約全書》還是《新約全書》中，「七」都是一個神奇
的數字，且與西方龍緊密聯繫在一起。在《新約全書》裏，聖約翰
「站在海邊的沙灘上，又看見一個獸從海中上來，有十角七頭，在十
角上戴著十個冠冕，七頭上有褻瀆的名號。」（《啟示錄》13：1）我
們幾乎可以在所有印歐神話和民間故事中看到七頭龍的身影。在一個
蘇格蘭故事中，七頭龍出現時伴隨著風暴和浪花。在巴比倫的故事
中，七面旋風摧毀了提亞瑪特。巴比倫人不僅沿承了埃及人視七魔獸
為邪惡勢力的觀念，還把七魔獸融為一體。在印度南部，德拉威人則
似乎借鑒了埃及七個哈索爾（Hathor）的概念。

5 棲息地各異的龍

　　東方龍基本都居住在天庭或水中，[74]西方龍與之不同，棲息地種
類繁多。在日爾曼神話中，龍在地上生活 90 天，在菩提樹上生活 90
天，還有 90 多天居住在沙漠裏，各個成長階段充滿了邪惡感，從毛
蟲到蝴蝶的變化便說明了這一點。[75]

---

74 然而，岡倉天心還表示：「（東方）龍本身就充滿神秘。」它們或隱藏在重重險阻的
　　山洞內，或盤踞在深不可測的海底，靜候著行動的時機。」 Okakura-Kakuzo, The
　　Awakening of Japan, New York: Japan Society, 1921, 77-78. 在中國的民間故事中，邪
　　惡的龍也居住在山洞內。

75 Jacob Grimm, Teutonic Mythology, translated by James Steven Stallybrass, New York:
　　Dover Publication Inc, 1966, vol. 4, 1493.

穴居龍：洞穴通常是指與世隔絕或十分隱蔽的密閉空間。哪裏有山洞哪裏就有龍，因為龍都有與蛇近似的本性，喜歡寄居在潮濕陰冷的地方。臨路的洞穴尤為理想，因為這樣的地方便於覓食。中世紀北德的神話故事中經常提到龍，並將其描繪為巨大的蟒蛇或蜥蜴。與這些似龍的爬行動物搏鬥往往是德國傳說中的主題。在這些傳說中，龍常常扮演著守衛者的角色，負責看守洞穴中的寶藏。德國有許多地名都與龍的寄居地有關，如：Drachenloch（龍洞）、Drachenfels（龍岩）和 Drachenwand（龍壁）等。

在日爾曼神話中，惡龍法弗尼爾（Fafnir）便被潛入龍穴的齊格弗裏德（Siegfried）殺死，法弗尼爾所看管的寶藏是生命與力量的源泉。龍、洞穴與寶藏之間的關係於基督教早期和中世紀時代異常流行。在五世紀的羅馬傳說中，聖西爾維斯特（St. Sylvester）在羅馬郊外塔爾珀伊亞岩石的洞穴底部降服了一頭殘害眾多少女的惡龍。這個傳說涵蓋了龍類傳說中的絕大部分典型特徵。根據那個時代的宇宙學，前往龍穴要經過 365 個臺階，這既象徵著通往太陽之路（與蘇美爾和埃及神話中的龍密切相關），又象徵著每年環繞地球之旅。[76]在這個傳說中，龍穴也象徵著死亡，與毛利蜥蜴教的文化十分類似。

高山獵龍：高聳陡峭的群山是飛龍棲息的理想場所。飛龍的巢穴堅不可破，其中最為兇險的種類為噴火飛龍，他們以牲畜和居住在瑞士、奧地利高山區的兒童為食。

水龍：水不僅是龍的理想家園，還可以作為掩護，使龍在船隻毫無防備的情況下接近對方。與通常被視為雨神的東方龍不同，西方的水龍從不會依託水來利益眾生，它們不是盜竊或吞噬人類賴以生存的光明和水源，就是污損土壤或當地的所有水域。

---

76 Cavendish, 1983, 693.

　　沼澤龍：西方龍雖然也有生活在陸地或水中的，但絕大多數喜好棲居在水陸混雜的沼澤或濕地內。英語稱沼澤龍為「knuckers.」這種龍的巢穴或「龍洞」是毒氣四溢的深坑。通常，沼澤龍的體型巨大，可水陸兩棲生活，一頭或多頭，能夠噴射火焰或毒液。

　　地下龍：世人普遍相信地獄位於地下，而地下世界是火與熱的源頭，灼熱的泉水伴隨著硫磺、石灰和龍煙滾滾湧出。西方龍習慣於在地下窺探獵物，猛然間竄出將對方撲殺，然後再重回地下巢穴，伺機獵殺下一個犧牲品。

　　火山龍：許多歐洲龍能夠招致火山熔岩伴隨著硫磺從火山口噴射而出，例如史詩《貝奧武夫》[77]中的龍。歐洲人將龍與火山和熱泉關聯在一起的傳統後來又傳至新大陸。渦流翻滾的炙熱池塘、渾水池、布滿山腰的樹木被蒸汽灼燒著，空氣中彌漫著奇怪的味道，一派陰森荒蕪的景象——這就是美國黃石國家公園的泥火山區。帶有「龍」字的景點名稱在北美很少見，但沿著泥火山區數百英尺的小徑，黃石公園的遊客們便能看到「黑龍潭」和「龍嘴」兩個帶「龍」的景點。火山氣體蒸騰而出的各種裂紋與縫隙不斷變化，形成了熱浪滾滾的「黑龍潭」。間歇的蒸汽噴射和深邃洞穴中探出的閃閃水舌賦予另一座火山泉獨特的名字——「龍嘴」。

　　西方龍的外形特徵形式多樣，一言難盡。只要某種想像中的生物具有上述特徵，人們便會將其納入西方龍的行列。東方龍數千年來都延續著幾乎一致的外表，它們會根據不同季節，選擇在水中或天界生活。西方龍則不同，它們沒有固定的形式，也沒有穩定的居所，形態毫無標準可言。針對西方龍形態學的研究，我們得出的結論是：西方龍是汲取不同動物元素構成的混合體，形態變幻莫測，靈活多樣，所

77　Burton Raffel, trans., Beowulf, New York: New American library, 1963, Lines 2269-2650.

涉及的動物種類通常極具進攻性和危險性，如：蛇、鱷魚、獅子和史前動物等。有意思的是，西方龍種類繁多的外形卻都指向同一種象徵意義，而這正是我們要在下章探討的內容。

第三章
西方龍的象徵意義

前面我們已從形態上探討了東方龍的相似性和西方龍的多樣性。本章，我們將重點研究傳統西方龍在象徵意義上的同質性，即：代表著邪惡與妨害世間的角色。

龍作為一種形象既可以是「限定」的，也可以是「開放」的。「限定」的形象是指：該形象的意義和衍生含義在任何境況下都完全一致或基本一致。「開放」的形象則可以擁有多種意義或含義。西方龍主要體現為「限定」的形象，因其在絕大多數西方神話、傳說和民間故事中永遠都代表著惡毒的本性，而東方龍則展現為相對「開放」的形象，它在不同文學體裁中的形象往往具有不同含義。本章旨在探討將西方龍與「惡魔形象」綁定在一起的這種「聯繫」。儘管龍的形象最終被越來越多的人所接受，甚至在某些文化中已成為一種象徵，但西方龍的主要特徵仍是其象徵意義，而非形態。人們總是將龍視為凶魔或替罪羊等恐怖形象。

西方龍的惡魔形象起源於公元前 3,000 年的蘇美爾、阿卡德和埃及神話。這些古代神話中的龍都代表著擾亂世間正常秩序和運行的角色，它們最終被創造和管理人間的眾神所擊敗，神在贏得勝利後重新塑造起世間的新秩序，並奪回掌管世間的權力。在神降福世人前，天國的所有神靈無不企盼將龍驅逐出仙界。

蘇美爾神恩利勒（Enlil）擊敗了似龍的怪獸拉布（Labbu）。巴比倫戰神馬杜克（Marduk）在阿卡德人的創世故事中降服了巨獸提亞瑪特（Tiamat）。同樣在傳統神話中，印度《吠陀經》記錄著巨蛇弗栗多

（Vritra）被戰神因陀羅（Indra）殺死的故事。早期的梵文傳說中也
經常講述正邪兩派勢力的鬥爭。神創天地以後，正邪之間很快便爆發
了戰爭，人類也捲入其中。以拜火教為代表的伊朗宗教在其發展過程
中始終離不開此類神話中的鬥爭。其中，光明之神戰勝黑暗怪獸或惡
龍[1]的故事最為典型，且被人們改編為諸多版本反覆宣講。希臘神話
中則講到宙斯屠殺巨龍堤豐和阿波羅射殺母龍（drakaina）的故事。

　　在西方龍被確立為邪惡形象的過程中，敘利亞城市烏加列（公元
前2,000年末）的神話起到了決定性的作用。天神巴力（Baal）

　　在故事中擊敗了邪惡的雅姆（海神）。這個神話也被視為希伯來
聖經中天神與龍和海洋間爭鬥的開端。[2]西方龍在創世神話中的負面
形象與東方龍形成了鮮明對比。中國始祖伏羲在古代繪畫中的相貌為
人首蛇身。遠古時代，大禹在龍的幫助下治理了水患，而大禹本人也
曾是龍的形象。

　　當西方龍通過中亞和小亞細亞傳入歐洲後，龍的形象變得更為殘
忍兇惡。有關歐洲龍的最早記載來自希臘，其中包括堤豐和皮同等。
在地中海人的腦海中，龍的形象最早源於從某些歷史悠久的半島和島
嶼流傳而來的英雄故事。希臘龍源起於中東。因此被視為來自異域或
外教的入侵者，屬於中東或小亞細亞的異教區或荒蠻之地。這種源於
海外的身份，連同龍象徵的種種含義，決定了歐洲龍的異教特性。在
多年的擴張中，歐洲文化的核心飽含著「永不畏懼和不屈不撓的歐洲
主義色彩」，[3]他們宣稱所到之處的土地和人民均應隸屬於信仰基督教

1　Maria Leach, 1984, 517.

2　John Day, God's Conflict with the Dragon and the Sea: Echoes of a Canaanite Testament,
　　Cambridge: Cambridge University Press, 1985, 5ff.

3　Edward Said, "Yeats and Decolonization." 選自 Terry Eagleton, Fredric Jameson, Edward
　　Said, Nationalism, Colonialism, and Literature, Minneapolis: University of Minnesota
　　Press, 1990, 72.

的歐洲。這種「歐洲主義」殘酷無情地校改和編纂著被統治區的民族文化和與異教起源相關的一切，沒有任何神話或形象能夠幸免於難且保存完好。因此，這種源於殖民地的外來龍與本土文化中的歐洲屠龍者相比自然低出一等，屠龍者在被視為異己的非歐洲語言中扮演著代表同宗文化的角色，也就是征服、懲罰和消滅敵對民族與異教物種。

愛琴海海岸或希臘本土從未出現過體型龐大或令人恐懼的蛇類。現代的龍學家們一直未弄清龍的誕生地究竟在哪裏，總是將龍與東方險惡力量聯繫在一起的古希臘人卻似乎瞭解龍的起源。多數希臘人認為，西里西亞是堤豐龍的誕生地，[4]它所居住的科律寄昂洞和與宙斯交戰的地方都是在這裏。希臘的藝術作品將堤豐描繪為一頭長有雙翼的巨獸，上半身為男子形象，腰部以下長有一對蛇身。這一形象成為眾多歐洲龍傚仿的範本。在赫西奧德的詩中，堤豐被宙斯輕易擊敗。而來自東方的另一版本似乎更符合對堤豐的描述，宙斯在與這頭巨獸搏鬥的過程中頗費周折。堤豐奪走宙斯的劍，並將無助的宙斯困於西里西亞群山的山洞中，但宙斯仍然成為最終的勝利者，將堤豐壓在埃特納火山之下。

希臘人之所以選擇西里西亞作為堤豐的家，主要是因為該地區盛產沙漠蛇，同時西里西亞人還與敘利亞人和腓尼基人一樣，是希臘城邦中臭名昭著的海盜民族。也有些希臘人認為龍起源於呂底亞[5]或敘利亞。這些國家都與西里西亞具有諸多共同點，包括：都毗鄰赫梯古國且曾經被赫梯古國統治過，都享有行為粗暴的惡名等。自古希臘時代起，歐洲龍就一直被視為來自遙遠異域、蠻荒之地或海洋的猛獸，

4　小亞細亞的古代分支，位於托魯斯山脈和奇裏乞亞之間。阿馬努斯山脈在敘利亞處將其分為兩截。

5　在古代地理學中，小亞細亞地區的一個國家。國民素以道德敗壞著稱於世，首都薩迪斯更是如此。

尤以中東和小亞細亞神秘的河流與高山區為代表。

西方龍：與猶太—基督教中的[6]惡魔、怪獸和宿敵的區別

噴射火焰，索要祭品，渾身布滿污垢，多數西方龍不具備任何正面的象徵意義，均被納入極具破壞性的獨行俠行列，或來自恐怖荒島的異類。他們具有如下異己特性。

國際上的龍學家們一直在研究東方龍的宗教意義。事實上，西方也存在宗教中的龍，但與東方被視為同宗的龍正相反，猶太與基督教傳說中的龍被視為魔鬼的化身。在《啟示錄》（《啟示錄》12：9）中我們可以看到：「大龍就是那古蛇，名叫魔鬼，又叫撒旦，是迷惑普天下的。它被摔在地上，它的使者也一同被摔下去。」[7]

龍在《希伯來舊約聖經》中是一個鮮活的形象。根據 1929 年發現的烏加裏特語文獻記載，《希伯來聖經》中的許多神話怪獸來源於更古老的迦南神話。在希伯來文化中，神與龍的戰爭是以《舊約》中的海怪故事為基礎的。烏加裏特語文獻中不僅記錄著巴力如何擊敗叛亂的海神雅姆，還講述了巴力打敗七頭海怪的故事，這頭海怪的名字叫「纏蛇」或「盤蛇」。海怪（纏蛇）也被叫作「特恩」（tnn），這個詞與《舊約》許多章節[8]中提到的 tannin 十分近似。

6　這裏的「猶太—基督教」一詞並不意味著猶太傳說與基督教傳說完全一致。

7　《聖經》詹姆斯王版本。在其它版本中，翻譯可能略有不同，但通常都會使用龍（dragon）這個詞。例如："So down the great dragon was hurled, the original serpent, the one called serpent and Satan, who is misleading the inhabited earth; he was hurled down to the earth, and his angels were hurled down with him." (New World Translation, New World Bible Translation Committee, revised 1970.)

8　詳見Day, 1985, 5ff; A. Herdner, Corpus des tablettes en cuneiformes alphabetiques, 2 vols., Paris, 1963, 1.2; 37-9, 5.1.1-3. 達艾（Day）的著作是研究《舊約》中迦南龍的最好素材。

　　我認為龍與海怪是可以加以區分的。許多學者都不接受海怪就是龍的說法。例如：杜姆（B. Duhm）、戴沃（S. R. Driver）、格雷（G. B. Gray）、羅利（H. H. Rowley）和格迪斯（R. Gordis）均認為海怪是指鱷魚。[9]然而，許多證據均表明，海怪與鱷魚無關。《約伯記》41 節 18-21 句便可印證海怪與鱷魚的諸多不同之處（在本章後面的內容中我們會看到，噴火構成了西方龍最主要的異己要素）。

　　《約伯記》41 節 18 句：它打噴嚏，就發出光來；它眼睛好像早晨的光線（「光線」原文作「眼皮」）。

　　《約伯記》41 節 19 句：它從口中發出燒著的火把，與飛迸的火星；《約伯記》41 節 20 句：從它鼻孔冒出煙來，如燒開的鍋和點燃的蘆葦。

　　《約伯記》41 節 21 句：它的氣點著煤炭，有火焰從它口中發出。

　　而在此前提到過的烏加裏特語文獻中，聖經中海怪的含義為「纏繞彎曲之物」，指某種神話中的海蛇或海龍。然而，鱷魚的脊柱僵直。

　　它有可能呈蜿蜒蠕動狀，絕不可能呈「纏繞彎曲狀」。約伯曾被上帝問及，他是否能夠通過如下方法降服海怪。

　　《約伯記》41 節 1 句：你能用魚鉤釣上海怪嗎？能用繩子壓下它的舌頭嗎？

　　《約伯記》41 節 2 句：你能用繩索穿透它的鼻子嗎？能用鉤穿透它的腮骨嗎？

　　《約伯記》41 節 3 句：它肯向你連連懇求，說柔和的話嗎？

9　B. Duhm, Das Buch Hiob, Freiburg, 1897, 195; S. R. Driver, G. B. Gray, A Critical and Exegetical Commentary on the Book of Job, London, 1967, 619,625; G. Fohrer, Das Bush Hiob, Gusersloh, 1963, 525-31; H. H. Rowley, Job, London, 1970, 333; R. Gordis The Book of Job, New York, 1978, 569-72; 何新：《百家文庫——談龍》，香港：中華書局，1989。何新在書中提出，中國龍實際上是鱷魚。

《約伯記》41 節 4 句：它肯與你立約，使你拿它永遠作奴僕嗎？

《約伯記》41 節 5 句：你可拿它當雀鳥玩耍嗎？可為你的幼女將它拴住嗎？

《約伯記》41 節 6 句：搭夥的漁夫可拿它當貨物嗎？能把它分給商人嗎？

《約伯記》41 節 7 句：你能用倒鉤槍紮滿它的皮，能用魚叉叉滿它的頭嗎？

如果說海怪就是鱷魚，這些問題都在表明，人類沒有能力俘獲鱷魚。然而，埃及人素以善於擒捕鱷魚聞名於世，他們時常將鱷魚作為祭品陳列在神廟中。埃及人還會定期餵養鱷魚，因為他們所信奉的索克斯（Souchos）神本身便是鱷魚。上述事實進一步表明海怪與鱷魚並無關聯。在第七章的研究中，我們將深入闡述海怪的歸屬問題，例如：反對將海怪認定為某種自然界存在的生物，進一步將海怪與鯨類等自然界動物相區分。在《舊約》中，埃及和巴比倫均描繪出自身文化中的魔界，兩個魔界中的統治者均為形態恐怖的巨獸：尼布甲尼撒二世（Nebuchadnezzar）化身為怪獸丹尼爾（Daniel），埃及法老（Pharaoh）在《以西結書（Ezekiel）》則被稱為河龍。龍是海怪最佳的代名詞，因為龍最符合體型龐大、邪惡兇狠且奇妙至極的特性，因此可以充分展現出魔鬼的雙面性。對於聖經中的龍展現的奇妙特性，《啟示錄》中曾出現過最具說服力的描述：「那先前有，現在沒有，今後又將出現的獸。」像這樣的動物不可能真正存在於自然界。

拉哈伯（Rahab）是《舊約》中的另一種常見動物，在早期古希伯來屠龍神話中，拉哈伯是被耶和華屠殺的龍之一。作為一種海中獸類，拉哈伯與馬杜克等英雄人物屠殺的其它海龍完全一樣。拉哈伯這個名字意為「喧鬧的大海」，賦予了大海人格化的特徵。

拉哈伯在《以賽亞書》中相當於「龍」（tannin）的意思：「從前

砍碎拉哈伯、刺透大魚的，不是你嗎？」（《以賽亞書》51：9）拉哈伯還是海怪的代名詞，也被稱為盤蛇或龍：「到那日，耶和華必用他剛硬有力的大刀刑罰鱷魚，就是那快行的蛇；刑罰鱷魚，就是那曲行的蛇，並殺海中的大魚。」（《以賽亞書》27：1）在這一段中，拉哈伯、鱷魚和曲行的蛇都指同樣的海怪，都同樣是神的敵人。

　　儘管有人認為海怪與拉哈伯在外表上並不像龍，但這些人也不得不承認，它們在象徵意義上與龍相同。在西方人的觀念中，將龍視為惡魔的標誌由來已久。雖然龍經常出現在埃及、迦南和巴比倫的神話中，但在西方文化裏，龍被視為惡魔這種恆久不變的負面形象卻是通過《希伯來聖經》確立起來的。希伯來神話的精彩之處便在於預先設定了善與惡、神與魔之間無休無止的戰爭。龍、蛇、撒旦、海怪和拉哈伯都是盡人皆知的上帝的敵人。它們不可能與上帝和解，因為，如果那樣的話，世間的罪惡便不復存在，希伯來神話失去了與善為敵的惡勢力，自然將失去活力。神話就是關於對抗與衝突的故事。許多希伯來神話對於其它族群也具有重要意義，其中一部分甚至具有強烈的沙文主義思想。這些故事都是關於「敵」（異己與邪惡）與「我」（同宗與善良）的鬥爭。希伯來的龍神話就是一個很好的例子，主要講述了猶太人如何抵抗異教，如何成功建造自己的家園，以及他們最終如何諒解了充滿敵意的鄰邦。

　　為了證明希伯來聖經中的龍始終扮演著敵對的角色，我們可以將《舊約》中神與龍（或其它名雖不同，本質相同的怪獸）相互鬥爭的段落視為真實歷史的寫照。在此類段落中，龍象徵著以色列的敵國。在《希伯來聖經》中，龍可以被用來描述任何威脅到以色列安全的外來勢力。龍通常代表著埃及（《以賽亞書》30 章和 51 章；《詩篇》87）或法老（《以西結書》29 章和 32 章）。《舊約》將埃及和法老稱為拉哈伯或龍，原因是在以色列人撤離埃及以前，埃及和法老始終扮

演著暴虐的壓迫者形象。使用這一形象的另一個原因是基於尼羅河象徵著法老和埃及。

主耶和華如此說：埃及王法老啊，我與你這臥在自己河中的大魚為敵。你曾說：「這河是我的，是我為自己造的。」（《以西結書》29：3）

我耶和華必用鉤子鉤住你的腮頰，又使江河中的魚貼住你的鱗甲，我必將你和所有貼住你鱗甲的魚，從江河中拉上來。（《以西結書》29：4）

在上述神諭中，埃及法老被比作 tannin，而我認為 tannin 就是龍。但弗納（G. Fohrer）、凱澤（O. Kaizer），以及其它一些學者卻認為，這裏的 tannin 就是指自然界的鱷魚，而非神話中的怪獸。[10]我們已在上面探討過，當《舊約》描繪擾亂世間秩序的怪獸時多次提及 tannin，但其特徵均與鱷魚不相符。除河流外，tannin 還居住在「深海」裏（《以西結書》32：2），這完全不符合尼羅河中鱷魚的習性，反而更符合神話中的海怪。[11]這種怪獸的肢體被當作食物餵養居住在曠野的野獸或人類（《以西結書》29：5），我們也許可以將其與《詩篇》74：14 相對比，在《詩篇》中，這種怪獸是指海怪，我上面探討過的一種海龍：「我已將你給地上野獸、空中飛鳥作食物。」（《以西結書》29：5）「你曾砸碎鱷魚的頭，把它給曠野的禽獸為食物（「禽獸」原文作「民」）。」（《詩篇》74：14）

---

10 G. Fohrer, Ezechiel, Tubingen, 1955, 166; O. Kaiser, Die Mythiscyhe Bedeutung Des Meeres, Beihefte zur Zeitschrif fur die alttestamentliche Wissenschaft, 78, 1959, 166.

11 tannin有時也被翻譯為「鯨魚」，詹姆斯王版本的《聖經》也是如此：「Thou art as a whale (tannin) in the seas.」然而，達艾（J. Day）、岡德爾（H. Gundel）和鮑德特（L. Boadt）卻反對tannin為自然界產物的觀點。Day, 1985, 95; H. Gunkel, Schopfung und Chaos, 73ff; L. Boadt, Ezekiel`s Oracles against Egypt: A Literary and Philogical Study of Ezekiel, 299-32, Rome, 1980, 27-8, 131-2.

因此，龍在《舊約》中一直被當作敵對勢力的象徵。我認為此處怪獸的名稱應被翻譯為「龍」，因為它在《聖經》中的象徵意義既結合了上述中東神話，又十分符合歐洲人的信仰。無論針對《烏加裏特聖經》進行生物特徵分析還是文本分析，其結果均為龍——拉哈伯——海怪三者屬於同類，也為怪獸在神話中的譯法提供了確鑿依據。《舊約》在西方傳統文化中佔據著無可比擬的重要地位，如果說西方龍的形態並沒有據此完全固定下來，那麼至少西方龍在人們心目中代表的含義已牢不可破。通過龍始終如一且清晰明確的象徵意義，我們可以更好地解釋為何那些諳熟《聖經》的中世紀騎士們總是渴望完成兩大任務：屠龍和尋找聖杯。如果我們注意到，在那個時代，《舊約》神話中描繪的怪獸通常被翻譯為龍，那麼騎士們的這種動機解釋起來便更為合理了。在近期的《舊約》譯本中，龍這個詞用得越來越少。現代翻譯家們似乎認為，將一種神獸翻譯為自然界實際存在的動物更有利於維護《聖經》的權威性。

形象的性別化

西方龍不受歡迎的另一個原因是它的性別。儘管龍與女性之間的關係從未被完全明確起來，但自從母系社會終結或被族長制氏族社會所取代以來，龍與女性（同樣被視為異己）之間的關係便一直存在。西方龍的第三人稱通常使用「他」，但實際上這種獸類既可以是雄性，也可以是雌性，還有可能雌雄同體；多數西方龍在外形上是雄性，但品性上卻更接近於雌性，從而將西方龍的形象塑造得更為惡毒。西方龍的雌性特徵起源於埃及，這種混合體神獸具有的品性均與

三大埃及神話原型具有關聯：[12]

愛神哈托爾（Hathor）或伊西絲（Isis）
水神奧西里斯（Osiris）
太陽神和戰神荷魯斯（Horus）

大地女神哈托爾扮演著女性最重要的繁衍後代的角色。她時常化身為母牛形象，牛角間帶有日輪和羽毛，有時她還會化身為長有牛角的女性形象，牛角間同樣帶有日輪。與羅馬女神狄安娜（Diana）一樣，哈托爾也是一位月亮女神，展現著女性哺育生命的力量。在與噴火的巨蛇雷（Re）結合後，哈托爾變成了一個不擇手段的魔頭。另一類原型母龍特里妮蒂（Trinity）和水神奧西里斯（Osiris）則體現著龍恩澤世人的一面，她們都代表著豐饒和繁衍生息的力量，這點恰恰與中國和日本神話中的象徵意義一致。然而，這類原型隨著西方龍的發展逐步消失。鷹頭戰神荷魯斯是古埃及的太陽神，他至少與兩位不同的天神相結合。太陽神荷魯斯是賽特的兄弟。作為奧西里斯與伊西絲的孩子，幼年時代的荷魯斯通常被描繪為在每日清晨，伴隨著太陽，乘坐著聖潔的蓮花，從水中獲得新生的形象。

我們可以由此看出，西方龍原本既包括雌性，又包括雄性。龍也有可能外表陽剛，內心陰柔，也許這就是榮格（Jung）所謂的（男性的）女性意向。「中世紀時，」榮格在著作中寫道，「人們便已發現『每個男性體內都具有女性特徵』，這一觀念的形成要比生理學家根據腺體結構證明人體內同時具有兩性特徵要早了許久。

我所稱的女性意向正是指這種男性體內的女性特徵。」[13]無論外

---

12 艾略特・史密斯（Elliot Smith）首先嘗試結合三種原型探尋龍的祖先。詳見Elliot Smith, 1919, 77-139.

13 Carl Jung, Man and His Symbols, Dell Publishing Co., New York, 1964, 17.

表是雄性還是雌性，西方龍自古埃及時代起便具有這種女性意向。為了證明自己提出的女性意向（存在於男性潛意識思維中的女性成分）與男性意向（存在於女性潛意識思維中的男性成分）理論，榮格為我們展示了 17 世紀煉金術操作手冊中的一幅圖畫，圖中通過一位具有雙性特徵的君王（國王/王后）站在一頭雌雄同體的巨龍上，也就是說，借助半男半女的人類站在半公半母的巨龍身上[14]，來象徵內心世界的二元性。所有的西方龍均具有這種性別上的二元性徵。同時，這也是西方龍在外表上性特徵不夠明朗的原因所在。

　　與哈托爾相比，凱芙特（Kheft）更為深刻地體現著埃及龍體內的女性意向，這位埃及女神掌管著天上七星，被人們譽為「深淵之龍」。[15]作為一位從未婚配的女神，凱芙特逐漸成為邪惡的代名詞，繁衍生息的正面角色及與之相反的負面角色在她身上兼而有之。從古至今，女性始終被墨客騷人比作龍、蛇和兇殘的怪獸。直至近代詩人威廉・布萊克（William Blake）的名篇《病玫瑰》，我們依然能夠感受到凱芙特的身影，該詩想像一隻無形的飛蟲本能地尋覓著美女的閨床，美國第五位諾貝爾文學獎得主約瑟夫・布羅茨基（Joseph Brodsky）在詩歌《臨近亞歷山大》中對華盛頓紀念碑和國會大樓這樣描述道：

　　混凝土鑄成的巨針，
　　將毒物直射入陰冷的雲霄。

　　以下是對國會大樓圓形柱頂的描繪：

---

14 同上，16。
15 Newman, 1979, 15.

火車如長蛇般蜿蜒而來，

直駛向國會獨樹一幟的乳峰狀圓頂

　　莎士比亞則借助李爾王的話語，對女性做出了如下評價（第 4
幕，第 6 場）：

她們的上半身雖然是女人，

下半身卻是淫蕩的妖怪；

腰帶以上是屬於天神的，

腰帶以下全是屬於魔鬼的：

那兒是地獄，那兒是黑暗，那兒是火坑，

吐著熊熊的烈焰，發出燻人的惡臭，把一切燒成了灰。

呸！呸！呸！呸！呸！

　　從而我們可以看出，西方龍是如何將上述兩種被視為異己的象徵
意義（邪惡與女性）融為一體的。埃及人、英國詩人和美籍俄裔詩人
都將女性與蛇、龍和怪獸聯繫在一起並非偶然。希臘人也時常將龍與
女性相提並論，這更強化了西方龍身上邪惡的女性意向。在荷馬史詩
《阿波羅頌》中，我們可以尋覓到阿波羅與母龍在特爾斐首次交戰的
記錄。[16] 阿波羅使用弓箭將遇到的母龍射殺。這頭母龍被描繪為一頭
怪獸，體型龐大且殘忍兇暴，對當地人民犯下了滔天罪行。任何遇到
她的人都只有死路一條。詩歌中並未提及母龍的名字。後代某些作家
給這頭龍起了一個女子名戴爾芬（Delphyne），還有些人則給她起了
個男子名戴爾芬斯（Delphynes）。阿波羅尼奧斯（Apollonios）也未

---

16 Homer Hymn, 3.182-387.

能明確這頭龍的性別，通過後人的評注我們可以瞭解到，林迪奧斯（Leandrios）曾稱這頭母龍為戴爾芬娜（Delphyna）。[17]

美國神話學者約瑟芬·方廷羅斯（Joseph Fontenrose）將斯芬克斯（Sphinx）也視為龍或卡德莫斯神話中的蛇怪美杜莎（Medusa）。[18]與美杜莎一樣，斯芬克斯有時被認定為巨龍堤豐和艾奇德娜的女兒。斯芬克斯通常被展現為人首獅身的女怪形象，長有雄鷹或禿鷲的翅膀和利爪；貌似女版的希臘風雨神祖（Zu）。在希臘文學作品中，斯芬克斯時常作為斯俄狄浦斯神話中的人物之一，但有時也會在有關卡德莫斯和達肯（Drakon）的神話中現身。根據古代作家帕萊法托斯（Palaiphatos）的論述，斯芬克斯是一位亞馬遜族的女戰士，曾為卡德莫斯的第一任妻子，卡德莫斯後因迎娶哈耳摩尼亞（Harmonia）惹惱了斯芬克斯。[19]戰神阿瑞斯（Ares）曾派斯芬克斯與底比斯人作戰，以為自己死去的兒子達肯復仇，詩人歐裏庇得斯（Euripides）對此進行過記述。此類戰爭神話的結局似乎總是老生常談：先是公龍被殺，之後是母龍被殺。但有關貝奧武夫的神話結局卻大不相同。貝奧武夫殺死了葛蘭德爾的母親，一頭水怪，而使用的武器恰恰是在水怪居住的山洞中找到的一把神劍。之後，他又殺死了一頭在水中捕食的公龍，只是最終自己也因傷勢過重而死去。

在猶太教、基督教和希臘羅馬有關龍的神話中，埃及女神哈托爾的光輝形象後來逐漸淡出，取而代之的是新的母龍形象：在外表上貌似貼地爬行的獸類，匍匐在黑暗污濁的深淵，下巴上流淌著致命的毒液。母龍與蛇一樣，開始成為異己的典型代表和正面人物與之鬥爭的對象。「因此，」保羅·紐曼寫道，「在正規的基督教肖像中，穿透母

---

17 Fontenrose, 1959, 15.

18 Fontenrose, 1959, 308.

19 Palaiphatos, Paus, 9.26.2-4.

龍軀體的長矛可以被視為亞伯拉罕諸教試圖置女性於死地的矛頭。它並非象徵著善與惡的對立，而是象徵著男與女的對立。」[20]

同時，我們可能還會注意到，西方龍如同殘酷的暴君或統治者，有時以女魔的形象出現，內心卻具有男性意向，有時又以好鬥的雄性惡魔形象出現，內心卻具有女性意向。同樣，我們依然可以利用外形和象徵意義的二分法進行分析：西方龍在外形上既可能是雄性，也可能是雌性，但在象徵意義上，均代表著異己勢力「邪惡的」女性意象，或「惡毒」的女性特徵。為了將西方龍與東方龍進行比較，本章重點闡述了西方龍的女性形象，因為東方龍幾乎從不可能被視為女性。[21]中國的宇宙進化論講究世界源於陰陽兩種互補元素生生不息的互生互化。陰代表消極、寒冷、女性和黑暗，陽代表積極、溫熱、男性和光明。龍在傳統上是男性與陽剛的標誌。一首中國的雲南民謠唱道：

> 哥是天上一條龍，妹是地下花一蓬。
> 龍不抬頭不下雨，雨不灑花花不紅。[22]

歌曲中的龍、花和雨都具有一定的性別指向。龍代表陽或男性；花代表陰或女性。雨是陰與陽的結合，而鮮花的盛開正是這種結合的產物。西方女性絕不會將自己的愛人稱作龍，因為，即使將龍的其它負面含義放在一邊，西方龍的性別指向也不夠明確。在下一章中，我們會發現東方龍仍保留了原有的陽剛之氣，而且絲毫未受到西方龍性

---

20 Newman, 1979, 17.

21 在描寫中國的母龍時，一定會在「龍」字的前後加上另一個字，如「母」或「女」：龍母（龍的母親）、母龍（雌性的龍）和龍女（龍的女兒）。

22 Chang-tai Hung, Going to the People, Cambridge: Harvard University Press, 1985, 66.

別混淆的影響。東方龍和西方龍的性別特徵都堪稱男性沙文主義的
產物。

龍與火、地獄和死亡的不解之緣

　　龍與火、地獄和死亡的不解之緣西方龍通常屬於惡魔形象，而東
方龍則是神聖的象徵。與這種神聖相對立的是一種充滿噩夢、冤獄、
奴役、痛苦與煩擾的境界，而西方龍正是這種境界的象徵。正如東方
龍的神聖形象與天界緊密相連，與其對立的西方龍（海怪或拉哈伯）
均與地獄密不可分。西方龍的惡魔形象將另一個世界巨大的兇惡勢力
描繪得更為具體和生動。

　　火、地獄和死亡是看似毫無關聯的三種元素，三者卻作為一種有
機整體與龍具有密切關聯。如果說東方龍是水神，西方龍則堪稱火
魔。噴火吐煙是西方龍個個具備的本領。西方龍的眼睛也總是如火焰
般鮮紅。與火的聯繫必然使龍與死亡和地獄扯上關係，這種關聯已延
續了數個世紀。17 世紀，阿姆斯特丹出版了一本神奇的地理著作
《地下的世界》（The Subterranean World），神父亞他那修‧基歇爾
（Athanasius Kircher）在書中講解了地球的內部構造。「世界上所有
的火山都源於地心蘊藏的熊熊火源。地心深處如一座四通八達的迷
宮，到處流淌著炙熱的岩漿和地下水。但也有些洞穴和通道是空的，
那裏便居住著龍，地下獸群中的王者。」[23]

　　我們可以在美索不達米亞龜板和雕刻圓筒上尋覓到早期烈焰龍的
蹤影。[24]自此之後，多數的龍都具有噴火的本領，而貝奧武夫神話中

---

23 Newman, 1979, 40.

24 J. B. Pritchard, ed., The Ancient Near East in Pictures Relating to the Old Testament (2nd
　　ed. with suppl.), Princeton, NJ, 1969, pls. 671, 691.

的龍則堪稱其中的佼佼者。這頭龍起初被稱作「夜行者」或「被火團團包裹」的「烈焰龍」。在敘事長詩《貝奧武夫》中，這頭龍從出場到死去，文中多次出現了對其噴火的描述：

2270-2274 行：

這位夜行者，一頭烈焰龍，發現了無人看管的財寶，令人望而生畏的巨龍在黑夜中撲扇而來，席卷著烈火，四處找尋山洞和布滿裂石的廢墟……

2313-2314 行：

噴吐著煙霧，巨龍燒毀了他們的家園。

2321-22 行：

全身包裹著烈
巨龍。

1567-2569 行：

猛獸迅速向他襲來，
烈火熊煙噴吐而出，直取他的性命，炙熱的火焰擊打著盾牌。

2649-2651 行：

烈火燒灼著他的軀體，救救我們偉大的王！
我情願自己陷身火海，也不願烈火吞噬我的聖主。[25]

貝奧武夫的一生英勇無畏，始終與人類的宿敵進行鬥爭，面對熊熊烈焰，他甚至絲毫不考慮敵我力量的懸殊。貝奧武夫的鬥爭和巨龍

---

25 Burton Raffel, trans., Beowulf, New York: New American Library, 1963.

的行徑均極為獨特。在歷史長河中，每當惡龍踐踏地球，總有英雄人物將其射殺，這樣的故事也因而無數次地重複上演。如果人類文明想要得以延續和繁榮，噴火的惡龍就必須要被消滅。貝奧武夫的屠龍故事之所以特別，原因在於這個故事最終以英雄和惡龍同歸於盡宣告結束，這點尤其凸顯了火與死亡在象徵意義上的結合，許多學者都注意到了這種原型模式，支持榮格學說的精神分析學家更是如此。

榮格曾經提到一個預知或感知未來的夢，公元 2 世紀達爾迪斯（Daldis）的阿特米多魯斯（Artemidorus）也曾闡釋過類似的夢境：一個人夢到自己的父親因房屋起火，被燒死在家中。不久以後，他自己便葬身火海。榮格的一位同事也發生過類似事件：這位同事有一次發高燒，他此前的一位病人在不知道他患有何病的情況下，夢到了這位醫生被大火燒死。這位做夢者只知道他的醫生患病住院而已。[26]通過這種方式，人們在無意識狀態下，根據火的象徵意義預測到了死亡，並表達出某種結果。貝奧武夫的作者則將火與惡龍及屠龍者的死亡聯繫在了一起。

巨龍噴吐而出的火焰便意味著死亡。火與死亡的關係無論在潛意識還是意識層面，均早已構成了一種固有的象徵原型。原型批評之父諾斯萊普・弗萊（Northrope Frye）將火的象徵意義用到了他對惡魔形象的定義當中，他認定「火的世界是一個充滿鬼火、地獄幽靈等惡魔的世界，嚴酷的火刑在這個世界中隨處可見，彷彿置身於火城索多瑪一樣。」[27]在本章開始時，我們將西方龍視為掙脫地獄的魔怪，被天界拋棄的老魔頭。噴火的本領似乎更加強化了這種令人毛骨悚然的形象。但任何象徵意義均起源於某種文化背景。在西方的傳統文化

26　Jung, 1975, 66.

27　Northrop Frye, Anatomy of Criticism, Princeton: Princeton University Press, 1957, 150.

中，火有時能夠營造出一種聖潔的境界，可以在這種火境中存活的唯有至善，斯賓塞描繪的布西蘭莊園，但丁地獄頂層的煉火和阻止亞當、夏娃重返伊甸園的火焰劍都是最好的例子。龍噴射的火焰與煉獄之火和淨化之火尚有不同，因為龍的火焰具有何種性質取決於龍的種類、噴射的目的（用於燒灼英雄或是少女）和噴射的位置（或從哪裏噴射出來）等不同因素。我們已經探討過噴火的主體，以及龍火的致命殺傷力，現在讓我們共同來研究一下不同的噴射位置會與死亡產生何種不同的關聯。

事實上，在貝奧武夫和許多其它故事中，龍火都被視為來自地下，從而強化了龍與死亡的密切關聯。此外，龍還與一種更為劇烈的地下活動關係緊密，那就是：火山爆發。當炙熱黏稠的岩漿席卷著火山灰湧向大地，還有什麼形象比噴吐烈焰的怪獸狂暴地扭動著身體毀滅一切更為貼切呢？地下也是埋葬屍體的所在，這裏到處是人骨、腐屍和污垢，真正的死亡之地。正是因為龍與這些在人類心靈中被視為異己的象徵彼此關聯，所以在西方神話和民間故事中才總是要將龍在這個本應充滿生命與活力的世間徹底消除。

關於西方龍作為死亡標誌的重要意義，我們還可以通過這樣一個現象來加以衡量：挪威至西班牙的戰士們都樂於接受龍的形象，因為他們希望借助龍與邪惡力量的關聯來撼動敵人戰鬥的決心和意志。在荷馬的第十一本著作《伊利亞特》中，我們可以讀到阿伽門農的盾牌上繪有一頭藍色的三頭龍。荷馬在描述赫拉克勒斯的盾牌時，也講到龍盤卷在盾牌的中心位置。在羅馬人的心目中，龍是軍隊的標誌，與古羅馬軍團中的鷹具有同等作用；這就是現代龍的由來。在歡慶軍隊凱旋而歸的遊行隊伍中，羅馬人甚至還會放飛一種龍形風箏，張著血盆大口，口內鼓滿風，彷彿在發出兇猛的嘶叫。當然，此類形象的作用在於令敵軍聞風喪膽。在阿蒂斯民謠中，我們可以讀到：

Ce souloient Romains porter

Cenous fait moult a redouter

（這就是羅馬人曾經面對的，令我們如此畏懼。）[28]

　　維京人也喜歡將龍繪製到自己的盾牌上，並將龍頭掛在船頭位置。在英格蘭，諾曼第人尚未入侵之前，龍曾是皇家標誌中的主角。[29]作為一種潛意識中的原型，龍被當作一種心理戰術，用於打擊敵兵的士氣，不斷提醒對方：頑抗就意味著死亡。與之相反的是，中國軍隊的軍旗上雖然也有龍形圖案，但其作用卻是為了增強本方士兵的鬥志。在頭頂高高飄揚的龍圖旗幟會時時提醒中國士兵，他們是在為皇帝和國家英勇奮戰。士兵們認為有神龍在上，他們將被賦予上天的護祐和無窮的力量。通過這種方式，東西方龍分別代表同宗與異己的差異在軍事徽章中得以清晰地展現。

西方龍多種象徵意義的結合

　　龍通常是上述多種象徵意義的集合體。作為敵對勢力的統一代表，西方龍具有一個共性，即：都是第二種象徵意義（性別化形象）與第三種象徵意義（死亡與地下世界）的結合。

　　蛇（龍的一種替代物）與女性通常在宗教有關原罪、地獄和死亡的概念中扮演重要角色。在巴薩爾（多哥北部）神話中有一個同《創世紀——亞當與夏娃的墮落》類似的故事：一條蛇引誘世間的第一個女子吃下了當時只有神（安納姆伯特）曾吃過的某種聖果。羅馬尼亞

28　Jorge Luis Borges, The Book of Imaginary Beings, trans. Norman Thomas di Giovanni, E. P. Dutton, New York, 1978, 239.

29　Colin Clair, Unnatural History, London: Abelard-Schuman, 1986, 176.

宗教學家伊利亞德稱，格拉斯曼認為夏娃是古代腓尼基人眼中的地獄女神，同時也是蛇的化身。[30]對斯堪的那維亞人而言，龍或蛇的形象也代表著死亡的力量。在芬蘭人對陰間的描繪中，邁入死亡之都的亡靈們都會畏懼一條時刻保持高度警惕的蛇。冰島史詩《艾達》在描繪死亡王國時寫道：整個廳堂都是由蛇的軀體建造而成，屋頂不停流淌著蛇的毒液。伊特魯裏亞的畫像中也展現了地獄裏的諸多魔鬼，他們均與蛇為伴。還有許多地中海地區的神靈被繪製為手中執蛇的形象（例如：希臘的阿耳特彌斯、赫卡特和珀爾塞福涅）。在中歐，人們普遍相信女人在月光下拔下的頭髮會變成蛇，當地便流傳著蛇髮女妖三姐妹的民間故事，三人分別為：美杜莎（Medusa）、戈耳戈（Gorgon）和厄裏倪厄斯（Erinyes）。[31]

在克里特島發掘的銅器時代雕像中，有一座為女性形象，高舉的雙手中各執一條蛇，另有兩條蛇在她的胸前躍躍欲試。這些雕像可能用於大地女神或死亡女神的祭祀之用。最知名的兩個希臘傳說都同珀爾修斯與噴火母蛇（母龍）美杜莎交戰的故事有關。美杜莎與她的姐妹戈耳戈居住在大海深處，陽光與月光永遠照射不到的海洋陰界。為了找到她們，珀爾修斯歷經人跡罕至、遍地荒蕪且怪石林立的廢墟。美杜莎與她的姐妹戈耳戈是一對惡魔，早已習慣於視黑暗為光明。人們絲毫不難看出戈耳戈死亡之神的身份，因為她的外表酷似復仇女神，[32]而美杜莎更是具有用眼光殺死任何男人的本領，她只需輕輕一瞥，對方當即便會化為石頭。即將到達美杜莎的住所時，珀爾修斯就在荒涼的廢墟中看到許多被石化的男子與野獸。方廷羅斯

---

30 Mircea Eliade, "Mytische Reste in de Paradieserzahlung," in Archiv f. Rel. X, 345.

31 J. E. Cirlot, A Dictionary of Symbols, second edition, trans, from Spain by Jack Sage, New York: Philosophical Library, 286.

32 詳見 "Perseus and Ketos," Woodward, 1937, PI. 31, Amphora, Naples Museum 3225.

（Fontenrose）稱其為「聳立著死屍雕塑的墓園奇景」。[33]戈耳戈姐妹的領土完全是一片死亡之地。當珀爾修斯向美杜莎和她的姐妹走去時，她倆都在地上死一般地熟睡著。美杜莎實際上也是一位提亞瑪特（混沌母神），渴望絕對的寂靜和地獄般的黑暗。[34]

從昆達利尼瑜伽的修煉體會中我們也能夠找到龍、火與性別之間的關係，密宗瑜伽的修煉者稱其為蛇火或龍火。這種感受被詮釋為「與自身相反的性別能量沿著脊柱上沖，從而喚醒數日來的潛意識」。[35]

我們還可以通過中世紀出現的巫術窺測到女性、火焰和死亡在潛意識層面的關聯，此類巫術在操作過程中也會使用燒灼的方法。

1480 年到 1780 年的迫害「女巫」浪潮，席卷歐洲 300 年。約十萬良家婦女被處以死刑，其中多數為火刑。那時想要消滅自己的女性敵人，方法很簡單，只需給對方加上使用巫術的罪名，聖女貞德便是其中一個著名的例子，她在敵人的眼中被視為「龍女」，於 1431 年被施以火刑。根據魔鬼的條約，每一個女巫都有與「主人」性交的義務。作家古茲奧（Guazzo）引用柏拉圖（Plato）、斐洛（Philo）、居普良（Saint Cyprian）、游斯丁（Saint Justin）、聖傑羅姆（Saint Jerome）、聖奧古斯丁（Saint Augustine）、克萊門・亞歷山大（Clement of Alexandria）、德爾圖良（Tertullian）和著名教皇英諾森八世（Pope Innocent VIII）的觀點宣稱：「婦女與撒旦通姦的證據十分充分。」[36]由於火被視為「聖火」，如果女巫被燒死，那就證明她是有罪的（因為她行為不檢）。如果她是無辜的（保有貞潔），則女巫必

---

33 Fontenrose, 1959, 284.

34 Fontenrose, 1959, 284.

35 Newman, 1979, 40.

36 Price, 1981, 136.

會安然無恙。將一個有罪或不潔的女巫燒死意味著送她重歸魔道，投入「巨龍」的懷抱。因為火是地獄共用的標誌，「巨龍就是那古蛇，名叫魔鬼，又叫撒旦。」（《啟示錄》12：9）。

　　這個烈火與死亡的統治者被賦予了強大的神秘力量，早期的男性至上主義原型為通常充滿男性陽剛特徵的西方龍形象注入了「女性意向」。作為人類長期而危險的敵人，這種古老的怪獸與大自然混沌狀態下本具的原始力量緊密結合在一起，而這種力量具有難以比擬的破壞性。因為體型巨大且靈活多變，龍被視為破壞力的象徵。由於它又與火關係密切，因而也代表著死亡。加之性別上的不確定性，龍還表示著邪惡。龍往往源自偏遠蠻荒之地，因而被劃入異教的範疇。在《新約》（啟示錄 12：9）中說道：「大龍就是那古蛇，名叫魔鬼，又叫撒旦，是迷惑普天下的。它被摔在地上，它的使者也一同被摔下去。」

　　在歐洲的傳統文化中，龍也具有某些正面的特徵，這說明有關西方龍的知識要遠比我們上面講得豐富得多。儘管龍通常被「妖魔化」，但總還有些西方龍屬於善類。例如：印歐體系內的徽章、標誌、旗幟、遊行隊伍及民間節日（如狂歡節）便利用了西方龍積極正面的象徵含義。在英格蘭，都鐸王朝的建立令龍成為廣受喜愛的象徵物，這個朝代的人將龍作為徽章使用。與理查三世的軍隊在博斯沃思相遇時，裏奇蒙・亨利出於對威爾士祖先的尊重，使用的武器上都裝飾有赤龍圖案。當正式稱王，成為亨利七世時，他視龍為英格蘭軍隊的護衛者，因而保留了龍形圖案的使用，直至詹姆斯一世登基，用蘇格蘭 Uni 取代了龍。一些歐洲的神話和傳說將龍作為國家和家族的標誌。希臘英雄人物卡德莫斯刺死了攔路的巨龍，並將龍牙種入土中，之後便從土中生出了龍牙戰士（土中而生的人），也就是底比斯人的祖先。據稱，中國漢朝的皇帝劉邦（公元前 207 年─公元前 194

年在位）在出生前，他的母親曾夢見與龍交合。同劉邦一樣，亞歷山
大大帝（公元前 336 年─公元前 323 年在位）也被認為是他母親與蛇
神或龍神的孩子。這個故事的另一個版本則認為掌握魔法的埃及法老
奈克塔內布斯（Nectanebus）是亞歷山大大帝的父親。被趕出埃及
後，奈克塔內布斯便在馬其頓當起了占星師，亞歷山大的母親前來詢
問王位的繼承人會是誰。奈克塔內布斯請她耐心等待宙斯的蒞臨。之
後，奈克塔內布斯自己喬裝打扮成龍的形態，趁夜潛入亞歷山大母親
的寢宮，令其懷孕並生下這位未來所向披靡的征服者。菲力浦是亞歷
山大「名義上的父親」，據說他曾對此事表示懷疑。於是，奈克塔內
布斯再次假扮成龍的形象，來消除這位國王的擔憂。[37] 凡是關係到皇
室家族時，龍通常被當作正面形象。可是，這種情況畢竟仍屬少數。
在西方傳統上，通常而言，西方龍的積極意義並非主流。魔鬼、怪獸
和異己者，龍仍是此類負面形象的代名詞。

　　然而，關於龍這種龐然大物的完整故事還不僅於此：在世界的另
一頭，龍被奉為神明，其象徵意義幾乎與西方龍截然相反，如：東方
龍象徵水、生命和天堂，西方龍則象徵火、死亡和地獄。

---

37 Leach, 1984, 34-35.

第四章
神聖化的龍

　　在中國的神話和上層文化中，龍是一個具有啟示錄性質的形象，為了表達某些同類的看法或是宇宙觀，龍成為人類理解社會實踐和自然現象的媒介。在傳奇或是民間信仰中，中國龍是個毀譽參半的王，而在《斯蒂斯・湯普森母題索引 300 條》（Stith Thompson Motif 300）[1]中，中國民間故事中的龍是可以被屠殺的。我上文中已強調過多次，中國龍外形相似，但在不同的體裁中，不同的龍具有不同的意義。神話中的龍具有同宗性，民間故事中的龍具有異己性，而傳奇中的龍（龍王）兼有二者的性質。本章僅對神話中、上層文化中的中國龍進行分析討論，關於傳奇中的、民間信仰和民間故事中的龍，將在第五章和第六章進行探討。

　　神話中的龍是中國龍中唯一一種對人類完全有益的龍，與傳奇或是民間信仰中的龍不同，神話中的龍對人們並沒有哪種具體的益處（比如，雨水），而是具有整體性的象徵意義（比如，精神高貴性）；神話中的龍與民間故事中的龍的不同之處在於，它不是某一個人英雄完成使命的障礙，而是集體崇拜的對象。同歐洲大陸的分地而治不同，有著 2,200 年悠久歷史的中央集權統治，也就是「水利專制主義」，需要一個統一而長久的形象來代表它的絕對權威，這點我將在下文中詳細討論。2,000 多年以來，儒家是中國的正統思想。孔子提

---

[1]　《斯蒂斯・湯普森母題索引300條》（Stith Thompson Motif-Index 300），「屠龍者」母題；見Stith Thompson, 1931-1936.

倡社會尊卑有序，強調君主權力是神聖不可侵犯的。神話中中國龍的
權威形象是同中國社會和思想的秩序一致的。

　　本章中，我將對神話中中國龍的象徵意義進行探討，揭開中國上
層文化的神秘面紗，揭示中國皇位和龍的神秘關係。我認為，中國神
話中的龍至少有六種同類性隱含意義：天空、精神高貴性、祥兆、封
建皇權、民族主義和水。本章將對前五種隱含意義進行分析，關於水
隱含意義的討論，將放在第五章。

神話中中國龍的隱含意義：天空

　　除了自然屬性之外，天空還具有豐富的神話意義和宗教意義。

　　高度、「在高處」、無限空間──所有這些都是超自然和神聖精神
的聖顯物。天空向人們展示著它的本來面目：一個無限的超自然的地
方，水、空氣和陽光皆發源於此。最重要的一點是，天空象徵著超越
人和人類存在這樣的微渺小事。

　　神話想像應該就是始於古人抬頭凝望蒼穹。大氣現象本身就是一
個無窮無盡的神話。上帝就是與天空、雲彩和星星有一定的關聯。在
大多數文化的宗教中，都對上天存在著神的信仰，這種信仰往往具有
一定的魔幻色彩。在中國，天空的神就發展成為天龍，它住在天宮，
掌陽光雨露，司人間興衰繁衍。傳統上來講，中國龍分四大類，即天
龍、神龍、地龍和藏龍。本書中，我將傳統龍的四種分類按照龍故事
的不同敘事體裁分為三大類：天上神聖的龍同神話中的龍相對應，
地龍同民間信仰中的龍相對應，藏龍同民間故事中的龍相對應。本章
中的「神聖化的龍」僅指神話中的龍；在第五章「水中之龍」中，將
講到民間信仰中的龍；而在第六章「屠龍者」中將講到民間故事中
的龍。

　　中國龍是至高無上的無盡蒼穹的化身。《易經》中對龍有「飛龍在天」的美譽。[2]龍的超自然的象徵意義源於龍極大的高度。《管子》一書中，作者稱龍能排列出五種不同的顏色，而且能在雲霧中穿梭自如，所以龍是一個神。[3]全世界人民最常見的祈禱對象莫過於「我們在天的父」。中國人的祈禱對象並不多見。但當遭受極大痛苦或是極度喜悅時，中國人會說「老天爺」。天空本身就很直接地表現出一種力量、迷幻和神聖感，因而凝視蒼天就會演變成為一種具有宗教意義的體驗。當然，這種對天空的信仰並不一定意味著對天空的大自然膜拜。對中國人而言，大自然從來就不是完全自然的。他們認為天空和天堂指的是同一個意義——天。星光照耀的天是人類遙不可及的，它代表著超自然的神聖的王權，是絕對存在和永恆的象徵。對以思考見長的中國人來說，「看天」具有深刻的含義。

　　的確，能騰雲駕霧的龍這一概念最初起源於人對天空的思考。無論是龍的外形還是姿態都和流動的雲彩相似。在大多數中國畫、精品浮雕和房柱上，龍和雲總是如影相隨。但如果據此就認為中國神話龍是對魔幻的宗教系統進行的有邏輯和理性的表現，你就大錯特錯了。同雅利安人部落的 Dieus 不同，中國龍從未發展成為像印度歐洲神話中那樣的天上的神。可以確定的是印度神話中的帝奧斯，羅馬神話中的朱庇特，希臘神話中的宙斯和德國泰爾——自耦神都是隨著歷史不斷發展形成的形象，它們的原型都是原始天空的神明，它們的名字具有「光明」（白天）和「神聖」的雙重含義（比如，梵文中的神就指「神」和「白天」；帝奧斯意為「光」和「白天」）。帝奧斯、宙斯和

2　《周易》，見《四部備要》（臺北市：臺灣中華書局，1965年），第一章。

3　《管子‧水地》，載《諸子集成》，第五卷，第十四章，39部分，第237頁。《管子》
　　是由後世一位匿名作者以管仲的名義所著的書，管仲是春秋戰國時期一位偉大的政
　　治家。

泰爾——自稱都是造物主，它們是至高無上的神。而在中國，龍僅僅是同類型因素的一個象徵罷了。沒有哪部中國古典文獻將龍列為造物主和主神。受中國農業發展的影響，中國農民把龍看作是司天氣的神。但龍的「專項化分工」使它不再可能成為一個全能的神。中國的龍雖象徵著天空，但卻不是全能的：作為一個神，龍同天氣也有一定關聯，後來被民間信仰中的龍王替代。第五章將對龍的最重要的象徵意義——水進行單獨分析。

因此，我認為天龍這一現象的發展對中國神話歷史的發展有著重要的意義：作為天空的象徵，龍演變為越來越模糊的形象，並逐漸被帶有某些龍象徵意義的崇拜形式所替代：王權崇拜、祖先崇拜和對繁衍的渴求。值得一提的是，這些替代使龍的象徵意義更加具體、生動和具有創造性。但從這些隱含含義中我們都可以看到天空的影子，天空是龍最初的象徵意義。另一方面，無論龍的象徵意義有何改變，能在天上飛一直都是所有中國龍的基本特性。

在古代神話中，天龍常常成為人飛上天的媒介。據傳，黃帝就曾駕龍飛上過天。在屈原（公元前 340—公前 278）的詩歌中，龍是一種交通工具，是人和神都可以駕馭的強大的動物。在下面這首詩中，作者大膽地想像自己騰雲駕霧，遨遊天空，座駕是八隻漂亮的龍。

> 駟玉虯以桀鷖兮，溘埃風餘上徵……
> 為餘駕飛龍兮，雜瑤象以為車……
> 麾蛟龍使梁津兮，詔西皇使涉予……
> ——《離騷》（*Encountering Sorrows*）

> 駕龍輈兮乘雷，載雲旗兮委蛇。
> ——《九歌・東君》（*The Nine Songs: The Lord of the East*）

在湖南長沙發現的戰國時期楚國古墓中出土了一張絲綢畫，題為「御龍圖」，此畫中墓主騎著龍升上天。「洛神賦圖」是東晉著名畫家顧愷之的傑作，畫中，洛神的馬車是由六隻高貴的龍駕駛的。[4]

高貴的精神

中國龍的同宗性特徵還表現在龍象徵著高貴的精神。《史記》中有這樣一個傳奇，孔子在與另一個哲學家老子見面後對他的弟子說了這樣一段深奧的話來表示他對老子的欽佩：「鳥，吾知其能飛；魚，吾知其能遊；獸，吾知其能走。走者可以為罔，遊者可以為綸，飛者可以為矰。至於龍，吾不能知其乘風雲而上天。吾今日見老子，其猶龍邪！」[5]這裏的龍，同《易經》中的龍一樣，被描繪成為神秘和睿智的象徵——追求深邃的思想和極端的高貴性。龍的這些屬性使它在諸神中脫穎而出，這些神包括麒麟、鳳凰、鶴和龜。

以榮格為代表的一些西方學者們注意到了中國龍所具有的精神性的特徵。伯恩的一位年輕的藝術家寄給榮格一幅很抽象的油畫作為對榮格學術貢獻的感激。這幅畫上畫的就是中國龍。榮格在給他的回信中這樣評價到：「你的畫暗示的是龍的主題。藍色指的是空氣和水，它們很容易讓人聯想到中國龍的形象。但仔細觀察不難發現，你的繪畫技術達到了爐火純青的境地：畫中的龍是中空的，有著帶狀的形態。龍的這種抽象的形象反映了龍不是實際的動物而是『精神性的』。在中國，道被稱為『精神谷』，人們把道看作是龍，是蜿蜒的河流。」[6]

4　目前《洛神賦圖》有三個副本，一本在美國，兩本在中國。中國的兩個副本分別收藏在遼寧省博物館和北京故宮博物館。關於這幅畫，詳見楊欣，1988，15，54。

5　司馬遷：《史記》（北京市：中華書局，1985年），頁2140。

6　Carl G. Jung, "To Rene Kipfer," October 21, 1960, in Gerhard Adler, ed., C. G. Jung: Letters, Book 2, Princeton: Princeton University Press, 1975, 604.

　　認識到龍的神秘性和精神性的隱含意義後，榮格把龍看作是道家思想的標誌。中國的古代作家在談到龍這一標誌意義時，總是盡可能地把龍描述成中空的形象，藉以表達龍不是具體的自然動物而是一個無形的、模糊的、難以理解的神聖形象，或是一個抽象的概念。正是由於中國神話中龍的無形特徵，因而中國沒有像阿波羅和皮同、宙斯和堤豐、赫拉克勒斯和庫克斯諾這樣的屠龍故事。只有在中國龍從神話走進另一敘事體裁——民間故事後，屠龍者才出現。

好運和哲學象徵

　　中國龍的神秘作用是以莊子和榮格的思想為前提的，他們認為龍是精神性和抽象性的象徵。中國龍的精神性同風水這種玄妙的概念有著密切聯繫，風水字面意義為「風和水」，事實上風水的含義遠遠超過它的字面含義。雖自 1919 年五四運動以後，風水在大陸衰落了幾十年，但從遠古時代傳下來的看風水習俗對個人和公共關係仍然有著重要的影響，尤其是涉及到動土、房屋和陵墓方位和地點的選擇，全國各地莫不如此。人們認為，房屋或是陵墓地點的選擇會影響整個家族的運氣。這種觀念源於古人對自然神秘力量的敬畏和恐懼，他們迫切地希望能與自然和諧相處。

　　風水屬於占卜，該理論認為掌握善惡的超自然力量（常指龍）存在於土地及其周圍的環境中，影響人們的日常生活。甚至就在幾十年前，中國人還完全按照風水的理論動土建房。例如，墓的右邊，或是西邊（理論上）應放一隻虎作為象徵，左邊放只龍；在墓邊放虎和龍的原因是，二者代表著風水這一詞的所有含義，包括風的影響和水的影響。也就是說，人們認為龍是水（水利社會主導因素）的象徵。

　　中國歷朝歷代都把帝王陵墓的風水看作關係江山社稷的大事。在

明十三陵的地圖上我們可以看到，[7]陵墓的右側是虎山，左側是龍山。由於風水很大程度上受外部條件和算命者判斷的影響，所以究竟何種風水為吉，何種風水為凶，並沒有一個統一的令人滿意的說法。明十三陵由廖俊清選址，他是一位祖籍江西的算命師傅，同時也是研究《易經》的專家。《易經》認為龍在風水中有著極為重要的作用。龍形狀的對稱排列代表分水嶺的山坡和山腳，還有沿著河道蜿蜒流淌的溪流。龍與水的密切聯繫使得龍被比作是春天（播種的季節），是海洋，是好運，最重要的是龍象徵著重生。

《易經》由六十四卦形組成，這些符號在八卦的基礎上產生，作為基本占卜的依據。《易經》中包含有對八卦的解釋，玄妙而深奧。人們認為這些卦代表著天上和人間發生的一切現象。同時，這些卦無時無刻不在處於持續的轉換之中，這同龍的世界中持續的轉換現象是一致的。人們關注的並不是事物本身（以龍的位置為代表），而是關注事物的運動。因而卦關注的是事物的運動趨勢，而並非這些事物究竟是什麼。為了卦的多樣性，人們把卦與卦結合起來，形成六十四個不同的卦象，每一卦象都有六條變化的線條，代表積極或是消極意義。

人們對八卦有多種解釋，其中一種認為卦代表著龍的某些方位特徵，這些特徵是同龍的神秘特性相一致的。人們認為龍的方位有一定的占卜意義，能對人們的未來選擇起指導作用。因此從這些複雜的圖像中，我們任意選擇的圖示就有了一定的預言意義。在這兒，我們看到了一個經典的中國式特里芬困境。一方面，算命者認為生死有命；富貴在天。另一方面，他們又想通過對龍這樣傳統象徵的分析，以幫助別人對未來做出更好的選擇。下面就對第一個六線形卦象進行分析，乾：

---

7 地圖詳情見金世旭：《漫話十三陵》（北京市：人民美術出版社，1981年）。

_____

_____

_____

_____

_____

_____

　　乾由六條獨立的線組成，代表原始力量的開始，充滿連續性、獨創性、堅定性和力量。根據《周易》，乾代表：

> 「大哉乾元！萬物資始，乃統天。雲行雨施，品物流形。
>
> 大明終始，六位時成，時乘六龍以御天。乾道變化，各正性命，保合大和，乃利貞。」[8]

　　在這裏，龍是一種精神性的、動態的、激發性的力量象徵，表現在其所具有的高尚的造物力上。冬天，這種造物力潛入土地中；夏天這種造物力再次復活，通過雷電顯形；就這樣，造物力又開始發揮作用：雲彩聚集，人間普降甘露，世界再次煥發生機。中國龍的同類特性雖然很多，但我們也不妨把造物力，或者說是原始力量列入其中，這種力量同雲和雨有一定關聯，本質上來講，還是與水緊密相連。這種造物力或是原始力量通過水展現出來，是萬物生根發芽的原始動力。這些六線組合組成的卦代表著萬物的起源，象徵水在奔波之前的寧靜，總之，龍是萬物之長，在動物中處於主導地位。

　　占卜者之所以比普通人高明，原因就在於他們明白人的潛能，通

8　《周易》，1965，1.1-2。

曉造物的奧妙，萬物生長規律以及水和龍的特性。對占卜者來說，只有事物發展符合明確而有規律的順序之時，潛在的能量才能釋放出來，促進事物的發展進步。占卜者把這六條線看成是六條龍，通過這六條龍他們便能通曉未來。由於龍所具有的同類性的隱含意義，因而六線形便是占卜中極其祥瑞的卦象。六線組合之所以沒出現，只是因為時機尚未成熟，占卜中要像潛龍一樣耐心地等待。

下面我們就來看一下《周易》中是怎樣分析這個六線組合的。為了避免混淆，也為了節省篇幅，這裏我們的討論不涉及神諭和抽籤這些複雜的占卜方法。我們只討論《周易》的核心內容，即不同卦象的意義——而不是求卦者是如何抽出這樣的卦象的。

首先我們來分析第一個六線組合的第一條線（應從下往上數，比如，最下面的一條線就是第一條線）：「潛龍。勿用。」[9]

第一條線，也就是最下面的那條線，它完全隱在土地下面；因此它暗指一些隱秘的東西。這條線代表著龍的形象（龍是同宗性力量的象徵）。在這裏，龍一直潛伏於深淵之中，龍騰九天的時機尚未成熟。從世俗角度來看，這代表著一個人還沒有完全準備好成為眾人矚目的焦點。因此對於抽到此簽的人來說，他應該明智地選擇像潛龍一樣耐心等待，潛龍在時機成熟之前不會過早地濫用自己的力量，那樣有點得不償失；也就是說，必備的條件成熟之前，一個人不能太過於急功近利。

六線組合的第二條線：「現龍在田，利見大人。」[10]

在這裏，龍出現在了倒數第二條線上，開始浮現在地平線上。

第二條線是整個六線組合下半部分的中心，它代表著有利地勢，

9　《周易》，1965，1.1。

10　《周易》，1965，1.1。

同六線組合的中心聯繫緊密。在這個卦象中，龍注定會將自己的才能充分發揮。從世俗角度來看，這就暗示著生活中開始出現積極的力量。但這種積極的力量尚未取得主導地位。抽到此籤的求卦者可以採取行動，但切忌過於激烈，因為陸地之上畢竟不是龍的地盤。

第一個六線組合的第五行：「飛龍在天。利見大人。」[11]

這是最好的卦象。最終，備受尊崇的巨龍飛上九天，回到了它的地盤，全世界的人都為它雄偉的外形傾倒不已，如癡如醉。任何人看到龍，都會獲得神龍的保祐。作者以孔子的角度分析為什麼看到飛龍就是吉祥的象徵：「同聲相應，同氣相求；水流濕，火就燥，雲從龍，風從虎。聖人作而萬物睹。本乎天者親上，本乎地者親下，則各從其類也」[12]

為什麼作為一個象徵，東方龍具有同宗性的屬性，這段話給我們提供了答案。同宗性因素的關鍵在於集體的歸屬感。同宗性源於這種集體歸屬感，並用以捍衛和加強這種感情。龍就代表著集體歸屬感的精神，在廣袤的天空中，雲如影隨形地追隨著龍的身影。在中國，龍是最吉祥的預兆，看到龍的人會得到龍的庇祐，追隨龍的人就會被看作是龍的化身。偉人出現，全世界都會看到。偉人的名望廣為傳頌。聚集在偉人周圍的人也會得到偉人的庇祐。

這裏作者更多是在談論哲學，而不是神諭。比起作為一本占卜用書，《易經》還有其它更重要的作用，那就是作為智慧之書。水、雲和龍等象徵有神諭式和指示性的特點；但它們的意義要遠大於其本身，它們能直接代表著某種真理，這些真理只有通過這些象徵才能被人們讀懂。直到現在，《周易》仍然能激發人的想像，通過讀《周

---

11 《周易》，1965，1.2a。

12 《周易》，1965，1.4a。

易》，人能認識到自己同這個無形的變化中的世界的關係。老子的一些深奧的觀點就是在《周易》的啟發下形成的。雖然我們無從知曉老子對《周易》的評價，老子的教義是辯證性的，他的思想據此可見一斑。根據司馬遷的記載，孔子潛心閱讀《周易》，書的裝訂線就曾被他翻斷過三次。[13]

根據老子的觀點，世間一切事件都受意象的影響，也就是冥冥之中的某個觀念的影響。地球上發生的一切事件都是未知世界所發生的事件的再現。因此人同神秘的天國，或是自然有著某種聯繫，能上天入地的龍便是天國，或是自然的代表。據司馬遷記載，孔子便推測老子是一條龍。[14]因而，一方面，龍能激發人們的社會歸屬感，另一方面，龍能讓人明白他們在宇宙中的位置。

六線組合的第六條線：「亢龍有悔。」[15]

此時，龍在六線組合中已達到了它的上限。再多的建議也已無濟於事；迅速的失敗將隨之而來。根據老子的事物矛盾性規律，達到極致就必須返回原地。有趣的是，我們從龍的運動中可以看到一條辯證法原則的影子，那就是否定之否定。「貴而無位，」注解《易經》的孔子這樣評價道，「高而無民，賢人在下位而無輔，是以動而有悔也。」[16]這條線警示人們切勿太過雄心勃勃，應量力而為。抽到此籤者應適可而止，不能過於急功近利。

從這條線上我們可以看出，任何走極端的人最終都將以不幸收場。龍雖強大，但如果走極端，它也會受到懲罰。傲慢在這裏指的

---

13 司馬遷：《史記》，第六卷第十七章，《孔子世家》（北京市：中華書局，1985年），頁1937。

14 司馬遷：《史記》，第一卷第六十三章，《老子韓非列傳》（北京市：中華書局，1985年），頁2140。

15 《周易》，1965，1.2a。

16 《周易》，1965，1.4a。

是，這個位置的龍知道如何進取，但卻進取無度，知道如何取得勝利
但卻不知如何失敗。龍如果飛得太高，卻忘了根本時，它就變得孤立
了，很容易失敗。因而，看上去桀驁不馴，不可征服的龍也是受到一
定的限制的。

六條線整體：「見群龍無首，吉。」[17]

六條龍比翼齊飛，不分伯仲，引導它們飛翔的造物力量不為人
見。因此真正的力量強大無比，發力於無形。

現在六條線不斷運動，變化為第二個六線組合：

  ——— ———
  ——— ———
  ——— ———
  ——— ———
  ——— ———
  ——— ———

這個六線組合是包容性的，慷慨大方，寬宏大量。造物的力量
（第一個六線組合）和包容性的適度力量（第二個六線組合）相結
合。龍的飛翔暗示龍的力量，而群龍無首暗示適度的力量。這表明行
動適度，處事果斷將給人帶來好運。篇幅所限，不再對第二個六線組
合作深入分析。

《易經》的作者[18]向讀者們展示了中國思維的瑰寶。同時，他們

---

17 《周易》，1965，1.4a。

18 據傳《易經》的作者有四個人，分別是伏羲、文王、周王和孔子。現代學者認為
《易經》是由很多文人學士合著而成的，完成於從戰國時期（公元前475-公元前
221）到西漢年間（公元前206-25）。

幫助讀者從象徵的角度理解預兆，使人們得以把自己的生活統一成一個綜合的整體，並引導這個整體同未來發展相一致。但《易經》所表達的主題不止這些。仔細閱讀，我們會發現更多深奧的思想。這些思想的關鍵就是變化的思想，正如這本書的名字「易」。龍的棲息地和運動很大程度上決定了變化的象徵意義，或消極或積極，或物質性的或精神性的。

通過這條線，世界便具有了諾斯替教派的二元特性，正是由於這條線有時在上有時在下，有時在左有時在右，有時是同宗有時是異己。位置正確時，龍就是積極的、同類的、有活力的象徵，位置不對時，它的象徵意義就變成了反面的。這就體現出了變的思想：

幸運有時是不幸的預兆。理解了變的意義，人就不光能看到暫時的現象，還能看到時間和空間的無窮變化。這樣我們就明白了為什麼神話中的龍具有多種力量，而且這種力量處於永不停歇的變化之中，成為迴圈變化的現象。因此神話中的龍不僅象徵好運還代表著真理。

王權

神話中的龍的象徵意義就這樣通過等級觀念和同宗傳統內化為上層文化。道家把龍當作一種神秘或精神性的象徵，孔子常把龍看作是帝王的具體象徵，以保證封建統治秩序和傳統的承襲。上文中提到過，孔子曾稱呼老子為龍。但孔子的學生從未談到過孔子和老子的會面。因此孔子和老子的會面是不足憑信的，這應該是虛構的而不是歷史事實。

傳統儒家思想認為龍居於四大帝王象徵之首：龍、馬、金、玉。龍在控制水方面的能力是無與倫比的。所以，龍就成為「最能造福百姓的人」和社會統治者——皇帝的象徵。中國的皇帝被稱為真龍天

子。人們認為皇帝的骨子裏流著龍的骨血，有龍為他效勞。我們可以從皇帝御用物品的名稱上看出他和龍的親密關係：皇帝坐的是「龍椅」，穿的是「龍袍」，駕的是「龍輦」，睡的是「龍榻」。皇帝是「真龍和玉帝的兒子」，也是上天在人間的代表，他的統治不僅包括維持良好的社會秩序，還包括保證土地繁衍和大自然的正常迴圈。當發生旱災或是其它災難時，皇帝可能會將此歸結為自己的罪惡，然後進行自我滌罪。據《淮南子》記載，為了祈求老天爺結束長達七年的旱災，商朝（公元前 17—公前 11 世紀）的第一個皇帝湯把自己作為犧牲獻給上天。就在商湯快要被燒死時，大雨傾盆而下。

雖鮮有皇帝會像商湯那樣把自己作為犧牲，但皇帝樂意把自己同龍（雨神）聯繫起來。與龍有著密切聯繫的皇帝不勝枚舉，比如傳奇人物（皇帝，堯舜禹）和歷史人物（漢高祖、唐中宗、齊高帝和宋高宗）。下面我們就來看看史書對這些奇聞軼事是如何記載的：

根據《竹書紀年》，遠古時代，黃帝從龍那裏得到一幅地圖，這暗示著黃帝對山河的統治受到上天的授意。黃帝並不是一個普通的統治者，而是被看作中華民族的共同祖先。下文在關於龍是中華民族象徵的章節中，將詳細討論黃帝和龍的關係。同樣道理，我們將在下章討論水和龍的關係時，詳細探討禹和水的關係。下面我們來討論舜，他是史前五個傳奇皇帝中的最後一個。

根據《竹書紀年》，舜統治時期，洛水河中出現了一條黃龍。河圖記載，當舜前去東邊調查時，黃龍出洛水，將河圖交給舜。根據《史記‧五帝本紀‧列奴傳》，在成為皇帝之前，舜從小生活在一個不幸的家庭。他的瞎眼父親，繼母和非親兄弟密謀要殺死他。他的兄弟在清洗井底時喊舜幫忙。舜的妻子給他穿上畫著圖案的官服。井很深，舜的兄弟用繩子把他放進井中。當舜剛到井的一半深時，險惡的兄弟就隔斷了繩子，為了置舜於死地，他還往井裏扔石頭。繩子被砍

斷後，舜就沿著底下溪流遊了出去，最終遊到了地面上。在這裏，龍服似乎幫助了舜逃生。關於這個故事權威的記載是這樣的：「後瞽叟又使舜穿井，舜穿井為匿空旁出。舜既入深，瞽叟與象共下土實井，舜從匿空出，去。」[19]

　　無數的中國皇帝都宣稱自己是龍的後代，比如漢高祖劉邦（公元前 206—公前 194）。據說，劉邦的母親夢與神交而孕，劉邦的父親甚至親眼目睹了這一幕。劉邦是第一個公開宣稱他的生父是龍的中國皇帝，後世有很多皇帝傚仿。從那時候起，龍就在血統上與中國皇帝有了聯繫。《史記》中「高祖生平」記載「劉媼嘗息大澤之陂，夢與神遇。是時雷電晦冥，太公往視，則見蛟龍於其上。已而有身，遂產高祖。高祖為人，隆準而龍顏，美鬚髯……」亞洲和歐洲很多故事中，都把龍看作是國王或是皇帝的先父。印度國王橋達·那格普爾就被人們認為是那伽的後代。類似的還有亞歷山大大帝和羅馬奧古斯塔斯帝。

　　由於平庸的家庭背景，劉邦迫切需要龍為自己一統天下提供合理性。隨著反對秦朝（公元前 221—公前 206）起義的高漲，反秦隊伍分化為兩大陣營：一個以項羽（公元前 232—公前 202）為首，他是楚國的貴族，是力能扛鼎，氣壓萬夫的一代英雄豪傑；另外一支隊伍由劉邦領導，農民出身。二人截然不同的背景給兩人的爭霸故事平添了些許傳奇色彩。最後，劉邦戰勝了項羽，建立了空前繁榮的漢朝。為了鞏固統治，劉邦需要個人崇拜。他選擇了龍，原因在於龍住在天上，掌管一切風雨和雲霧，龍可以隨心所欲控制雨水，主宰著世間萬物的生長。從此，「天子」或稱「水利社會的統治者」便被視為龍的

---

19 司馬遷：《史記》，第一卷第一章，《五帝本紀》（北京市：中華書局，1985年），頁34。

後代，被稱作「真龍天子」。中國很多史書中都有關於人民看到龍的記載。龍出現的年份就以龍命名以示紀念，比如青龍（公元 233-236），黃龍（公元 229-232），神龍（公元 705-707）。

中華民族

　　龍的第五層同宗性隱含意義就是中華民族的象徵意義。在這層意義中，中國龍是一種神秘的、半神聖化的、完全虛幻的存在，它受到中國人的傳統思想和感情的影響，帶有原始圖騰崇拜的烙印。這種準神明被擺在祭壇祭拜是合情合理的，這是由於龍是原始部落時期、圖騰崇拜時期的遺跡，是泛靈思想的產物。龍開始作為民族圖騰的歷史要追溯到上古黃帝時期，黃帝被認為是中華民族的祖先。中國人會稱自己是「龍子」和「黃帝的後代」。黃帝是人間的皇帝，他是中華民族的祖先，也是中國的主要神靈之一。同宙斯一樣，黃帝也有很多兒女，一些是神，一些是人。但就同龍的關係而言，黃帝和宙斯恰好相反：宙斯，同諸多其它希臘神一樣，曾經同最兇惡的食人魔堤豐有過生死卓絕的鬥爭。有時堤豐也被稱為是堤豐神或是堤豐食人魔；但希臘人把堤豐稱為龍族。[20]西方學者往往用龍來指代許多種形狀怪異的野獸或是動物。赫西奧德最早對宙斯屠龍的戰爭進行了詳細描述。宙斯先是從空中擲下霹靂，然後降到地面上從附近敲打龍，最後把龍所有的頭都燒了。龍燃燒的碎片落到峽谷山中，宙斯把它們扔到了塔耳塔洛斯。[21]就這樣，宙斯把龍這一異端消滅了。

---

20 根據菲特羅斯的觀點，「雖然它的身體並非完全具有爬行動物的特徵，而且包括不止一條蛇，但我們也可以把它看作是龍，這沒有什麼不合適的。」（Fontenrose, 1959, 70）。

21 Hesiod, Theogony, 820-868.

　　而中國版宙斯的故事卻與之截然相反。在與蚩尤的搏鬥中，黃帝
召集應龍同他一起戰鬥，應龍能隨心所欲地控制洪水，是一隻十分忠
誠的龍。在《山海經》中，「蚩尤作兵伐黃帝。黃帝乃令應龍攻之冀
州之野。應龍畜水（逐殺蚩尤）」。[22]據《史記》記載，黃帝戰敗蚩尤
後，一隻龍從雲上降落下來，《史記·卷十二·孝武本紀》載：「黃帝
採首山銅鑄鼎於荊山之下，鼎既成，有龍垂鬍髯下迎黃帝，群臣後宮
上者七十餘人皆乘龍昇天。」[23]而在《古今注》中，「黃帝煉丹於鑿硯
山，乃得仙，乘龍上天。群臣援龍鬚，須墜而生草……」[24]

　　在第二章中我提到過《列子》[25]和九似：角似鹿、頭似駝、眼似
兔、項似蛇、腹似蜃、鱗似魚、爪似鷹、掌似虎、耳似牛。龍可以被
看作是中華民族部落時期的圖騰。雖然這樣的假設尚未得到證實，但
卻證實了我們關於神話中龍後來演變為部落時期的象徵符號這一論
斷。龍曾經出現在中國的國旗上，這是龍的「國家化」的一個很好的
例子。作為古代中國帝王的象徵，直到清朝末年，龍竟然從來沒有出
現在國旗上。這是由於，在清朝之前，中國從來就沒有國旗，而在西
方「野蠻人」打開中國的大門後，國旗才提到議事日程上來。清朝海
軍最初不懸掛國旗軍旗，當時中國的海軍由歐洲人說了算，西方顧問
堅持要求中國要造個旗幟。1863 年，同治皇帝（1862-1875）下令，
將黃底藍龍的旗幟用作中國海軍的船首旗。1872 年 11 月 10 日，這一
圖案成為中國的官方標誌和戰旗的象徵。

22　《山海經》第十七章《大荒北經》，選自《四部備要·一十部》，七十九卷，北京：
　　中華書局，5b。

23　《司馬遷》，1985，第四卷，第二十章，豐產術，1394。

24　崔豹：《古今注》，著書於公元4世紀，引自《古今圖書集成》，《禽蟲典》，130章，
　　《龍部》，4。

25　《列子·黃帝篇》，見《諸子集成》，第3卷，《列子》第2章 27。

1881 年 9 月在英國定購的「揚威」、「超勇」兩艘巡洋艦回國後，為和國際接軌，李鴻章經清廷批准制定了軍旗、國旗的質地和章色。萬年國旗為羽紗質地，正黃色，用羽紗鑲嵌藍色龍頭向上五爪飛龍。1890 年，三角形的黃底青色龍圖案被矩形圖案替代。[26]

民族主義是一種包容性很強的因素，它能將個體的特性隱藏起來形成一個整體。作為民族主義的一個現代象徵，中國神話中的龍傾向於把個體整合起來，形成一個有著共同身份和認同的集體，這個集體有一個權威的、同質性的和持續的標誌。然而，這樣的一種民族主義的現代象徵似乎又具有某種諷刺意味：它喚醒了人們對權力和傳統的意識，然而，這種象徵有時候往往又會同其對手的文化形式有著某種類似，甚至還會接受或是保存一些其對手所推崇的象徵內容。從秦始皇到 1911 年辛亥革命推翻清政府，龍一直都是中國帝王的象徵，沒有哪個古代文人學者敢用龍去指代普通人。最先使用龍來代表貶義形象的是歐洲人，他們用龍代表那些「中世紀的異教徒。」龍曾是原始部落的圖騰。幾千年來，中國的皇帝一直採用這一強有力的象徵來代表王權。在西方思想的鼓舞下，隨著民族意識的覺醒，現代的中國人開始使用龍作為普通大眾的象徵。

現代的中國人不像古時候那樣對龍頂禮膜拜了。但對於 13 億多龍的傳人來說，龍是有生命的，它馳騁在雲霧間。比起十二生肖中的鼠、牛、虎、兔、蛇、馬、羊、猴、雞、狗、豬等這些動物，人們對龍要尊敬得多。人們認為龍年出生的人精力充沛，氣宇軒昂。1988 年恰逢龍年，人們通過舞龍、跳舞、晚會和體育比賽等活動慶祝龍年的到來。中國政府對象徵民族主義的龍（傳奇動物）的推崇程度是空

---

26 關於中國國旗的演變，詳見Whitney Smith, Flags: Through the Ages and Across the World, New York: McGraw Book Co., 1975, 108-109.

前的。下面這首詩出自臺灣音樂家侯德健之手，他曾移民到大陸，在
中國家喻戶曉：

遙遠的東方有一條江，它的名字就叫長江。

遙遠的東方有一條河，它的名字就叫黃河。

古老的東方有一條龍，它的名字就叫中國。

古老的東方有一群人，他們全都是龍的傳人。

巨龍腳底下我生長，長成以後是龍的傳人。

黑眼睛黑頭髮黃皮膚，永永遠遠是龍的傳人。

作為愛國主義的象徵，龍崇拜在 1988 年達到頂峰。此外，一些
反對聖像崇拜的人認為，龍是中國的保守主義、封建主義和排外主義
的象徵。早在 1988 年這個龍年還沒過完的時候，就有學者開始批判
龍崇拜。電視影片《河殤》就是在 1988 龍年播出的，該影片中，龍
被認為是專制主義、封建主義和閉關鎖國政策的象徵。[27]然而，中國
龍不僅僅是一個政治象徵，它還是中國傳統、中國文化和中國人民的
象徵。龍將繼續活在 13 億中國人的心中，遨遊雲海，給他們帶來無
限好運。

世界很多民族都有十二生肖，但多數沒有龍，如埃及，十二生肖
分別是：牡牛、山羊、猿、驢、蟹、蛇、犬、貓、鱷、紅鶴、獅子、
鷹。巴比倫是：牡牛、山羊、獅、驢、蜣螂、蛇、犬、貓、鱷、紅
鶴、猿、鷹。印度十二生肖名稱和順序為：鼠、牛、獅、兔、摩睺羅
迦、那伽、馬、羊、猴、金翅鳥、狗、豬。其中摩睺羅迦和那伽都類
似中國的龍，但都沒有中國龍的威武神聖。泰國生肖由中國引入，所

---

27 蘇曉康，王魯湘編：《河殤》（北京市：現代出版社，1988年），頁7-22。

以和中國的相同。不過其中生肖龍在泰國為那伽（Naga），並非中國
傳統的龍，這是受印度的影響。那伽這個詞的用法並不十分嚴格，梵
語和巴釐語指一種傳說中的神秘生物，外表類似巨大的蛇，有一頭或
多個頭，在婆羅門教、印度教和佛教中常有出現。它有時也被用來指
真正的蛇，尤其是印度眼鏡蛇。另外，雌性的那伽被叫作「那吉」。
佛經裏那伽常被譯為「龍」。

小結

　　本章探討了中國神話中龍的同類性隱含意義。已有很多實例證
明，龍的這些隱含意義是一個統一的整體。中國龍總是具有多重作
用。例如，禹是一條龍，他扮演著夏朝第一個皇帝、治水者的角色，
同時他自身也是個象徵著高貴精神的英雄。皇帝、堯和舜，三者都同
龍有著密切的聯繫，他們都同時兼有多重不同的象徵意義。這些象徵
作用的融合源於傳統的中國思想，認為天空、水、王權、好運和國家
屬於同宗性的整體。龍的諸多象徵意義都是相通的，實際上，「相
通」是一種保守的說法：天空和水所具有的龍的象徵意義，同龍的其
它層面象徵意義雖看上去風馬牛不相及，但本質上它們是一致的，可
以相互同化，形成一個整體。

　　然而，上述的同化與合一都是存在於同一敘述體裁中，即官方文
化的中國神話中。雖然不同範疇的龍外形相似，但它們的象徵意義各
不相同，不能相互替換。例如，民間信仰中的龍王，其身上兼有同宗
性和異己性的特性；同西方的龍相似，中國民間故事中的龍，其象徵
意義同神話中的龍截然不同，常常是英雄完成使命的障礙。我們研究
的正是不同題材中中國龍的不同隱含意義：作為象徵，中國龍具有異

質性。西方龍的外形千差萬別，但其象徵意義卻是統一的，這點同東方龍的特徵正好相反。

　　雖具有多種象徵意義，中國神話中的龍仍然是一個不可分割的整體，包含所有的同宗性力量。需要指出的是，天神合併的趨勢在全世界都很常見，比如印度教中的帝奧斯，和德國神話中的泰爾。這種現象產生的原因是在原始文明中，代表天空的象徵總是試圖把諸多不同的地域和不同地域中擁有不同生活經驗的人們整合併團結起來，其身上代表著很多不同的事物、情形和存在形式。

　　象徵意義的過度擴展可能會降低天神在表現意義上的有效性。通過研究天空中的神靈，抑或是與天空的聖顯物緊密聯繫的神靈，我們不難發現在與更加有活力、具體的和其它類似的概念相比，天神總是處於下風的。由於不斷地附加和抽象化，在相當長的歷史時期內，比起神話中的龍（原型是天神），中國人民，尤其是受教育程度較低的人民，對後來產生的更加「具體」的龍王更加喜愛。直到 20 世紀中葉，隨著民間宗教的衰落和當代民族主義的產生，龍，作為中華民族的象徵，其地位相比民間的龍神才有了顯著的優勢。

第五章
東西方的水中之龍

　　水神對龍學研究有著很重要的意義。水神數量眾多，起源各異；他們被賦予人格化特徵；在中國古代神話中，各路神仙是有高低上下之分的，水神隸屬於這個等級系統，這個神仙的等級分層同中國封建社會的「水利專制統治」是相對應的。在中國的上層文化中，水作為水利工程的利用和治理對象，常常被理想化為一種抽象的力量。作為順從和「低調」的象徵，水是道教最為推崇的形象。老子在《道德經》第八章對水有很高的評價：「上善若水，水利萬物而不爭，處眾人之所惡，故幾於道。」

　　水身上所體現的是真水無形和韜光養晦的法則，水是宇宙萬物存在的基礎，水是一切種子的載體。在中國哲學家的眼裏，水是一切物質的原形：世間萬物皆由水生；世間萬物，或因其自身退化，或因外界災變，最終都將回歸於水。無論是宇宙迴圈，還是歷史迴圈，水既是起點又是終點。不管是在哪種文化模式中，民間故事和神話也好，宇宙起源和宗教儀式也好，水起的作用都是一樣的。不管是在現實中還是想像中，水都能惠澤大地萬物。在中國，大量的神、英雄和神獸都和水有千絲萬縷的聯繫，其中禹和龍與水的聯繫最為密切。

　　有人說水神和治水英雄的出現是由於水在中國哲學中有著特殊的象徵意義，其實不僅如此，他們更大程度上是中國水利文化的產物。魏特夫解釋說，「水利」一詞讓他看到了中華文明的農業管理和農業官僚主義的特點。幾十年來，魏特夫潛心研究東方專制主義；在很長一段時間內，他對「東方社會」這個術語都十分滿意。但隨著研究的

深入，他對在小型灌溉基礎之上形成的農業經濟（灌溉農業）和在大
規模官方主導的灌溉和治水基礎上形成的農業經濟（水利農業）進行
了區分。他感到「東方社會」的界定不夠確切，有必要引用一個新的
術語「水利社會」。比起「東方」，魏特夫認為「水利」一詞更能體現
早期中華文明的特點。[1]

禹的傳說和水利專制

關於禹的神話表明，在水利管理基礎上發展起來的水利專制從久
遠的古代就已經開始形成。古神話中，禹之所以能因治水有功而建立
起極高的威望，其原因在於早期治理水災和專制權力的統一，二者的
統一始於夏部落。在中國，幾乎所有的神話中都有洪水的影子，而在
日本、埃及和大多數非洲國家，有關洪水的故事並不多見。中國古典
神話中有關洪水的故事同《創世紀》6-9 章及世界民間故事中有關洪
水的故事有驚人的相似性。[2]

在許多國家的民間故事中，都有動物把人從洪水中救出來的情
節。（母題 A2145.2）例如，諾亞方舟上，蛇用尾巴堵住船上的漏
洞，狗用鼻子堵住漏洞；從此以後，狗的鼻子就變得又濕又冷了。而
在中國，將百姓從滔天洪水中拯救出來的是禹，人們極為擁戴他。禹
這個人物既有一定的史實依據又有一定的神話色彩，他最卓著的功績
是建立了夏朝和治水成功。他是中國歷史上第一位成功治理黃河水患
的治水英雄。

根據中國的神話，那時候有一場大旱災；天上同時有十個太陽。

1　Wittfogel, 1957, 3.

2　Stith Thompson, Motif-Index of Folk- Literature, Bloomington: Indiana University Press,
　1931-1936.

後來，當一切正在恢復正常時，又有了大洪災。禹的父親鯀從天帝那裏盜取了息壤，據說息壤能自生自長，很少的息壤便能將洪水控制住。在某種程度上，這裏的神指的是天帝，而不是像龍這樣的天神。天帝命火神朱勇將鯀處死。鯀死後變成了一隻動物。禹從鯀體內跳出，他剛出來時是一條龍，然後才變成人。禹立志要治好水患，他同洪水神搏鬥，最終打敗了洪水神。治好了水患後，他把息壤發給百姓，百姓們用息壤建了一座大壩擋住了洪水。禹深知，這並非長久之計，所以他就帶領百姓挖通河道，這樣水就可以直接流入海裏，從而避免了洪水的再次發生。在挖河道時，打頭陣的是一頭名為應龍的神龍，它用尾巴給人們指引方向。[3]

至於鯀變成了何種動物，出現了不同的版本。按照周朝的說法（見《左傳》），鯀變成了熊，後來的傳說裏，有的說是魚，有的說是龜，還有的說是龍。由於鯀和禹都同水利工程管理有密切的關係，因而說鯀變成魚、龜、龍這些水生動物可能更為合理。一些地方認為鯀變成熊的說法可能與當地的熊崇拜有一定的關係。無論是治水失敗的鯀還是治水成功的禹，他們一生都和水有不解之緣，但熊並非水生動物，很顯然鯀死後變成熊這種說法是站不住腳的。關於鯀死後變成了哪種動物，多種版本的出現說明鯀—禹傳說是多種文化成分的綜合體。鯀—禹—龍的神話發源於乾旱的黃河流域，這是中國水利文明的搖籃，而孕育鯀—禹—熊傳說的地區必然有著與黃河流域截然不同的文化、民族和地理特徵。正是由於自然環境的不同，有些地區的傳說裏禹是一隻熊，而有些地區的傳說裏他則是龍。禹代表的是三種形象的統一，即：龍（抑或龍的兒子和騎龍者）、皇帝和治水者。禹既是

---

3 提到禹的神話傳說的中國經典文學作品有：《楚辭‧天問》；《國語‧晉語》；《史記‧五帝本紀》；《尚書‧堯典》；《孟子‧滕文公下》；《左傳‧昭公七年》；《吳越春秋‧越王無余外傳》；《越絕書‧記地傳》；《山海經‧海內經》。

中國的皇帝又是治水者，這一現象並非巧合。根據魏特夫的東方專制主義理論，在一個像古代中國這樣氣候乾旱又高度文明的東方社會，皇帝的專制統治必然同治理水災和水資源管理相結合。

在其它民族的神話中，也有大量有關洪水的傳說。與聖經和其它近東地區不同，在中國的版本裏，洪水不是上帝對人類原罪的懲罰，而是人類生存的惡劣環境抑或是需要英明領導才能解決的治水難題。《左傳·昭公元年》：「美哉，禹功！明德遠矣，微禹，吾其魚乎！」《孟子·滕文公篇》有「禹抑洪水而天下平」，《荀子·成相篇》謂「禹有功，抑下洪，闢除水患逐共工。」洪水之大，非某一部落所能單獨抵抗，各部落推大禹領導。那時，雖仍號稱天下萬國，但大禹之權力已比堯舜大。《韓非子·飾邪篇》說：「禹朝諸侯之君會稽之上，防風氏後至，而禹斬之。」這是何等的權威。《左傳·哀公七年》載：「禹會諸侯於塗山，執玉帛者萬國。」可見，禹的權力駕馭其它部落，已經具有王權的性質。中央集權是國家肇建的基礎。正因為如此，夏代的建立，是我國遠古時代由部落到國家的轉折，禹是此一時期承前啟後者。所以古人云：夏為三代之始，禹為三王之首。更有甚者，我們可以說，大禹是中國朝代的開始也是民主禪讓制度的終結。魏特夫在書中是這樣說的：「顯然，在一個水利社會，無論是近東國家、印度、中國還是早期北美大陸，國家的領袖無一例外都是卓越的治水專家；治國和治水二者有緊密的內在聯繫。」以下是魏特夫列舉的治理水災中的水利任務，包括水利設施和非水利設施：

I 水利設施

（A）生產性設施（運河，渡槽，水庫，水閘，堤壩，目的是灌溉）

（B）保護性設施（洩洪運河和洩洪大堤，目的是防洪）

（C）供給飲用水的渡槽

（D）可以通航的運河

II 非水利設施[4]

禹治水 13 年，耗盡心血與體力，終於完成了這一件名垂青史的大業。禹領導人們修建了大型的「疏導運河」，他是水利社會的國家領袖，也是水利設施的修建者。他建立的水利設施「既能防洪又能灌溉」。根據禪讓制（指在位君主生前便將統治權讓給他人），禹死後，本來是應該讓伯益做禹的繼承人的。但是，禹死以後，禹所在的夏部落的貴族卻擁戴禹的兒子啟繼承了禹的位子。這樣一來，氏族公社時期的部落聯盟的選舉制度正式被廢除，變為王位世襲的制度。中國歷史上第一個奴隸制王朝——夏朝出現了。因此我們可以說「東方專制主義」是由偉大的「治水英雄」建立的。很多夏朝的皇帝都是暴君，尤其是最後一個皇帝夏桀，更是荒淫無度，暴虐無道，是歷史上有名的暴君，此後英雄的開國之君經代代世系，終會以無能或暴虐之君結束，可見世襲制並非好事。

上文中提到過，禹挖河道時，有一隻叫應龍的神龍打頭陣，為人們指引方向。根據魏特夫的分析，應龍參與的是修建防洪的洩洪運河。禹把息壤發給百姓，用息壤建成一座大壩擋住了洪水。此即水利任務中的（B）保護性設施（洩洪運河和洩洪大堤，目的是防洪）。魏特夫的理論啟發我們從社會結構層面和歷史層面去探究禹這個人物出現的必然性。現在我們可以很清楚地看到中國龍具有豐富的象徵意義，包括高貴、好運、中華民族和皇權。正如魏特夫所言，「水利」一詞，讓我們看到了中國龍所特有的農業管理和農業官僚主義的特徵。

4　Wittfogel, 1975, 42.

中國的水中之龍

同禹一樣，龍也是水利系統的產物。中國神話中龍的皇家地位源於夏朝部落治水者和部落頭領兩種角色的統一。這裏所說的龍，實際上就是水神。據傳，春分登天，秋分潛淵，呼風喚雨，無所不能。[5]龍會騰雲駕霧；它呼氣凝結便成雨，這雨可不是春夏時分的毛毛細雨，而是疾風驟雨，河流會在一夜之間暴漲，溢出堤岸。龍昇天時的螺旋式氣流會形成龍捲風、龍旋風、旋風、水龍卷。《管子·形勢解》的作者認為，龍在水中才能顯示神性，龍離開水就失去了神力。[6]

在中國，龍文化源遠流長，可以追溯到有史料記載的最早的人類歷史。龍和最早的神有很深的淵源，同他們一樣，龍的屬性也是模糊的、多變的和自相矛盾的；但龍自始至終都有一個特徵是非常明確的，那就是水的控制權。在古代中國人眼裏，水具有了不起的力量，水能任意改變形狀，因而龍同水一樣，擁有多變的性格。水作為龍的誕生地無疑也是人類生存最重要的自然條件──對一個水利國家而言，水的確也是主宰人們生命和幸福的先決條件。正是在有豐富水資源的尼羅河流域、幼發拉底河流域和黃河流域，人類開始定居下來，為後世的農業文明奠定了基礎。在上述流域，河流定期上漲回落給人們留下大量新的肥沃土壤。風調雨順時，雨水是好事；而一旦雨水氾濫成災，水便成了災難。這樣我們就很容易理解為什麼早期在上述流域居住的人們會認為水具有主宰生死的力量，他們認為水是一切生物生存的首要條件，在他們看來，在水中誕生的龍便代表這兩種力量。

5　《初學記》，第三卷，第三十章（鱗介部，龍），1667。《說文》曰：龍，鱗蟲之長。能幽能明，能小能大，能長能短。春分而登天，秋分而入川。《廣雅》云：有鱗曰蛟龍，有翼。

6　《管子·形勢解》，見《諸子集成》，第五卷，管子，20，325。

水創造了生命，是一切種子生長的港灣，水具有至高無上的神奇力量，還具有藥用價值；水能療傷，能使人恢復朝氣。對古時生活在黃河流域的中國人而言，龍和水是密不可分的。荀子曾說過：「積土成山，風雨興焉；積水成淵，蛟龍生焉。」[7]

中國 3,000 年的中央集權統治（又名「水利專制主義統治」）需要建立一個統一而長久的形象，以保證其絕對權威。與東西方的辯證主義理論不同，儒家思想關注的是如何維持社會穩定，它宣導建立一種「尊卑有序」的社會秩序，教育人們在「聖主明君」的統治下和諧相處。神話中龍是中國古代特有的社會結構和意識形態結構的產物。這一概念是由文人學士和封建官僚向普通老百姓自上而下傳播起來的。另一方面，相對神話中的龍，民間信仰中的龍王和民間故事中的孽龍與雄龍在老百姓那裏更受歡迎。

在中國古代，人們之所以會對龍特別地崇拜和敬畏是由於龍掌管天氣——中國農民和那時所有的農民一樣都得靠天吃飯。中國南方的長江流域和珠江流域素有「魚米之鄉」的美譽，那裏常年雨水豐沛，碧綠的河流和湖泊遍及大小山頭。所以，那裏的人們不會把龍當作雨神頂禮膜拜。而北方的情況就不一樣了。一方面在乾旱地區，每到春季和夏季，人們都會向龍王祈雨，祈求龍王恩賜人間及時雨，只有這樣莊稼才能豐收，百姓才能糊口。祈雨時，百姓們會無比虔誠地凝望著黑壓壓的烏雲在天邊越積越多，他們把烏雲幻想成龍。但結果往往令人沮喪，大多數時候，灰濛濛的風沙只在家家戶戶的門口和窗戶上留下一層塵土，中國北部和西部又墮入美國人所謂沙碗中（dust bowl），只是美國的沙碗只肆虐幾年（主要是 1934-1936），中國的沙碗卻延續幾千年。這就意味著田裏的小麥和稻穀可能會旱死，草地會

7　《荀子·勸學篇》，見《諸子集成》，1986，第二卷，荀子，1，4。

乾枯，牛羊會餓死，而人也得忍饑挨餓。另一方面，在黃河流域，雨水氾濫，黃河決堤，淹沒良田，無數百姓死於洪災，這就是「中華民族的詛咒」。所以不難看出，對於頻遭旱災和水災的北方百姓而言，水與他們的命運息息相關。因而很自然地，北方農民把原來的天神改造成了龍王，又給它起了個別名叫雨師。[8]《周易》是最早提到龍的古代典籍之一，《周易》中記載，龍是一個能飛的天神。在後來的典籍中，龍則逐漸發展成了雨神。

中國神話中的龍並不是總待在水底的：秋分時他們會潛入水淵中；春分時又衝出水面，飛上青天。民間信仰中的龍王是一個地地道道的水神，而神話中的龍則是一個帶有濃重天神色彩的水神。龍來人間時，它會待在水裏，大海、水池、湖泊或是河流都可能成為它的臨時棲息地。

以下是 40 個以龍命名的中國河流：

福建省：龍江，二龍江，烏龍江，九龍江，九龍溪
甘肅省：白龍江
廣東省：龍溪，龍江
廣西省：龍水，龍鬚河，龍江
貴州省：龍頭江
河北省：龍河，青龍河，赤龍河
黑龍江省：黑龍江
江蘇省：龍遊河
山東省：五龍河
上海：龍泉河，白龍港河

8　李全，1971，第二卷，38，1670。

四川省：二龍江，龍溪河，臥龍河，黃龍河，烏龍河，盤龍
江，獨龍江

天津：青龍灣河，黑龍港河

西藏：泊龍藏布，獨龍江，堆龍曲，臥龍曲

雲南：龍川江，龍川河，馬龍河，獨龍河

浙江省：北龍江，龍泉溪，龍溪

中國有如此眾多的以龍命名的河流，原因在於龍頎長而又彎曲的身體富有旋律，是優雅和權力的完美結合。在中國人的眼裏，河流是有生命的。林語堂這樣寫道「由中國人的觀念，山川都是神靈，而從許多盤曲的山脊，吾們看出龍背，當山脈漸次下降而沒跡於平原或海，吾們看出龍尾。這是中國的泛神主義，是堪輿術的基礎」。[9]乾旱的土地因河水的滋潤而煥發了生機，河流給中華民族帶來了文明和生命。古人認為，凡是有水的地方，無論江河湖海，都有龍王駐守。龍王能生風雨，興雷電，職司一方水旱豐歉。但和龍一樣，河流也會發怒，會用洪水把田地和生命收回。對老百姓來說，河裏的龍只是一方的水神或是龍王而已，它們沒有神話中的龍所具有那種代表上天、皇權、好運等抽象的象徵意義。在那伽（印度教神話中和龍類似的動物，人頭蛇身）的影響下，中國龍的當地語系化和專職化的趨勢更加明顯，印度教是金朝以後從印度傳到中國的。幾百年來，龍王廣受老百姓的愛戴，大江南北，龍王廟林立，隨處可見。

9　Lin Yutang, My Country and My People, New York: Reynal and Hitchcock, 1935, 319.

龍和龍王的不同

在中國的神話和上層文化中，龍是封建王權的象徵。同時，龍與普通老百姓和印度教也一直保持有緊密的聯繫。這體現在民間信仰中。中國龍變成了一個讓人既愛又恨的雨神。同西方民間故事一樣，在中國的民間故事中，龍有時也會被屠殺。中國神話中的龍所代表的是水利專制統治下的自然精神、國家精神和忠誠的精神。所有的龍雖在外表上沒有明顯的差異，但在不同的環境裏他們各有不同的象徵意義。神話中的龍是權威的，民間故事中的龍是頑皮的，而民間信仰中的龍（龍王）兼有二者的特點。神話中龍和民間信仰中龍的不同之處體現在：民間信仰中的龍王可以呼風喚雨，對農業發展有著極為重要的意義，而神話中的龍更多的是整個水利專制統治的象徵。神話中的龍和民間故事中的龍的不同之處在於：前者是集體崇拜的對象，後者是個人英雄完成使命時的阻礙。

中國神話中的龍和中國民間信仰中的龍的差異至少體現在以下五個方面：

首先，神話中的龍與水利專制統治緊密相連，而民間信仰中的龍與農業生產緊密相連。神話中的龍有很多的象徵意義，比如說上天、國家、皇權、高貴、文化傳承等，水僅是其中之一，而龍王的象徵意義只有水；

二，神話中的龍是象徵性的、抽象的，而龍王是具體的、有形的，甚至能和老百姓進行對話；

三，神話中的龍是土生土長的中國龍，折射的是道家和儒家的世界觀，而龍王信仰是在佛教和印度教民間傳說的基礎上形成的；

四，龍的神話屬於中國古代經典的神話，而龍王則是民間信仰和民間傳奇的產物；

最後也是最重要的一點，神話中的龍是天上至高無上的神，而龍王則不同，它既能行雲布雨，普救眾生，又能久雨不止，氾濫成災，讓人既愛又恨。也就是說，神話中的龍是一個絕對權威的正面形象，而龍王則是個毀譽參半的神靈。但需要記住的是，神話中的龍也好，龍王也好，它們的樣子是完全一樣的，只是在不同的環境裏具有不同的象徵意義罷了。我們也可以從名稱上加以區分，神話中的龍就叫龍，而民間信仰中的龍一般被稱為龍王。

中國神話中的龍的原型是天神，具有多種象徵意義。米爾恰·伊利亞德認為天神往往要「讓位於更加具體化和人格化的神，這種神與老百姓的日常生活緊密相連。」[10]這就在一定程度上解釋了為什麼天龍演化為了掌管興雲降雨的龍王。龍王的出現源於老百姓對老天爺的人格化和對有著具體形象的神的孜孜不斷的渴求；對古代農民來說，沒有什麼比一場及時雨更實在的了。人們把龍王看作是掌管風雨的地方官，龍王爺有時克己奉公，有時也會濫用權力。每逢風雨失調，久旱不雨，當地的縣令便會組織百姓向龍王祈雨，祈雨通常會持續好幾天，期間人們會禁食以示虔誠。如龍王還沒有顯靈，則把它的神像抬出來，在烈日下暴曬，直到天降大雨為止。從這兒不難看出中國民間信仰中龍王所具有的世俗性。直到今天，舞龍在中國仍很盛行，尤其是農曆春節和元宵節期間，人們會舞龍慶祝。古代，每到五月，天又乾又熱，土地因缺水出現乾裂，甚至老百姓屋舍的泥磚也開始出現裂縫，這時候百姓就會舞龍，求龍王降雨。

六月初，百姓會再次舞龍，載歌載舞，感謝龍王賜雨。

在西遊記中，有個龍王因在布雨時出錯，受到天庭的懲罰[11]。可

---

10 Eliade, 1968, 82.

11 吳承恩，1967，57-66。

以說，中國神話中的龍像高貴威嚴的希伯來神，而龍王則像一個幽默感十足的希臘神。龍王在大多數時候是善良友好的，但偶而也會頑皮搗蛋，甚至有點邪惡。所以這就解釋了為什麼中國人從來不說自己是龍王的傳人，而是說自己是「龍的傳人」。在歷史上很長一段時間裏，人們對龍王的喜愛程度遠遠超過了對原始中國龍的喜歡。正因如此，過去在中國大地上，大大小小的龍王廟不計其數，幾乎村村都有，百年來在內外戰爭和無盡動亂中拆毀殆盡，此為中國文化莫大損失，思之令人扼腕歎息。

雖然龍王的真正樣子與神話中的龍無異，但龍王有時候會顯現出人形。歐洲的龍有時也會顯人形，變成巨人或是食人魔：希臘語中的dhrakos（龍）指巨人；而在意大利的卡拉布裏亞語中，sdrago（龍）原來是指猴子。龍王可以呼風喚雨，掌握雨水的控制權，但他同時也是水災和乾旱的罪魁禍首。顯出人形的龍王喪失了原始中國龍所帶有的至高無上而又神秘的精神特性，僅僅是一方水神而已。雖然如此，龍王卻贏取了普通老百姓的信任和愛戴。由於民間信仰中龍的當地語系化和在當地所建立的威信，我們不妨把龍王叫作傳奇中的龍，或是民間信仰中的龍，以將其同神話中的龍或是民間故事中的龍區分開來。

龍王在民間的大受歡迎與佛教在中國的廣泛傳播有著直接關係。迄今為止，與中華文明產生直接碰撞且與中華文明程度相當的外來文明，只有印度文明。中華文明和印度文明之間進行了一定的文化和貿易交流，各自相安無事，這種交流對中國產生了十分深遠的影響，一個新的信仰——佛教在中國大地上誕生。佛經文本一經傳入中國，有關印度的龍，又名那伽的神話便開始迅速地中國化，人們或把裏面的人物取上中國名字，或將其併入民間信仰，就這樣，那伽的神話在中

華大地上漸漸地傳播開來。[12]《廣博物志》中有大量的此類事例。

需要指出的是，與神話中龍的完美形象不同，印度教裏的龍不僅是一方水資源的管理者，有時候它也會遲遲按雨不發，引發旱災。

老百姓往往會把旱災和水災歸咎到龍王的頭上，而神話中的龍因沒有被賦予任何明確的職責，因而它不用為人間的災害負責。在印度教的神話中，太陽神因陀羅要抽打乾旱之魔弗栗多龍，迫使他打開降水閘門給人間降雨。在吠陀時代，蛇龍又被叫作是「破壞豐收的龍」。在中國的民間故事中，人們給印度教裏邪惡的龍起名孽龍；孽龍是民間故事裏常見的反面形象。所以我們可以看到，龍王，也就是中國化的那伽或是弗栗多，雖不及神話中的龍那麼高貴，但贏得了老百姓的信任，不像民間故事中的龍那麼邪惡，所以它是介於上述兩個極端之間的一種龍的形象。龍王有時是豐收的好幫手，有時卻又是豐收的不折不扣的破壞者，甚至有時像個可愛的小丑，讓人既愛又恨。人們對龍王的態度完全取決於龍王是如何管理水資源的。神話中的龍代表的是水利專制主義國家最高統治者的尊嚴，而龍王反映的是農業水利社會普通老百姓的心態。

所謂龍王，其實並不是統領所有龍的王，而是由原始中國龍演化而來的，其形成受民間信仰和印度神的影響。公元前 221 年，秦始皇統一六國，自稱皇帝，自此，國家統治者被稱為帝，而地方統治者叫做王。皇帝也被稱作真龍天子。皇帝是神話中「真龍」的化身，地位遠高於傳說中的「假龍」，例如：地方上的龍王。下面講的就是一個「真龍」和一個「假龍」的故事。

《西遊記》第十回的標題是「老龍王拙計犯天條，魏丞相遺書托冥吏」。作者吳承恩（約 1501-1582）在這裏生動地描繪了皇帝（真

---

12 《廣博物志》第七卷，第四十九章，4317-4375。

龍）和民間信奉的龍王之間的差異。在吳承恩的故事裏，透過龍王因瀆職而陷入絕境的情節，我們可以探知這樣的事實：水利專制國家的代表——皇帝高於民間信仰的代表——龍王。

在故事的開頭，龍王變化成一個秀士，他和一個算卦先生對於即將到來的大雨打賭。龍王回去把賭約告訴了他的水族部下，眾水族笑著說：「大王是八河都總管，司雨大龍神，有雨無雨，惟大王知之。」正當這些蝦兵蟹將笑著談論此事時，只聽見半空叫道：「涇河龍王接旨。」詔書曰：「敕命八河總，驅雷掣電行；明朝施雨澤，普濟長安城。」旨意上時辰、數目，與那先生判斷者毫髮不差。

於是，龍王像舊中國大多數官員那樣決定以權謀私。他的確驅雷掣電，行雲布雨，但卻改動了時間，剋扣了三寸八點的雨量。然後他趕到算卦先生面前罵道：「這妄言禍福的妖人，擅惑眾心的潑漢！你卦又不靈，言又狂謬！」但這算卦先生抬起頭嘲笑道：「別人好瞞，只是難瞞我也。我認得你，你不是秀士，乃是涇河龍王。你違了玉帝敕旨，改了時辰，克了點數，犯了天條。你在那剮龍臺上，恐難免一刀。」龍王大驚失色，求算卦先生救他。算卦先生告訴龍王立刻去拜見唐朝皇帝，他的大臣魏徵是天庭指定的執刑官。於是龍王去見唐太宗這「真龍天子」。龍王修改玉帝旨意，剋扣降雨量，反應舊時中國地方官對付中央政府的伎倆，此種現象，直至今天還流行不誤，叫作「上有政策下有對策」。下文兩條龍之間的這段最有趣的對話，表明了在等級分明的水利專制社會裏，真龍天子與龍王有著不同的地位：

> 但見龍王也不回水府，只在空中。等到子時前後，收了雲頭，斂了霧角，徑來皇宮門首。此時唐王正夢出宮門之外，忽然龍王變作人相，上前跪拜。口叫「陛下救我！」
>
> 太宗云：「你是何人？朕當救你。」龍王云：「陛下是真龍，臣

是業龍。臣因犯了天條，該陛下賢臣人曹官魏徵處斬，故來拜求，望陛下救我一救！」太宗曰：「既是魏徵處斬，朕可以救你。你放心前去。」龍王歡喜，叩謝而去。[13]

這段「真龍」和「龍王」之間的對話，反映了中國龍之間的等級。「真龍」（神話中龍的化身）象徵的是皇帝或者說水利專制政府的國家權威；龍王（民間信仰龍）是小規模灌溉的守護神。魏特夫認為水利專制國家不允許地方有獨立的軍事和土地控制權，不贊成獨立的宗教勢力崛起。在水利專制社會中，任何主流宗教都不能將自己置身於國家權力之外，成為一個相對獨立的全國性，甚至是國際性自治教會。[14]水利專制總是凌駕於一切宗教之上的，無論是本國的宗教還是從國外傳入本國的宗教，這一點在中國尤其如此。通過權威的神話和儒家思想的教化，龍和皇帝的聯繫被不斷地保持和強化。龍王屬於民間信仰的範疇。神話中的龍和民間信仰中的龍王雖都和水利有一定聯繫，但二者有著截然不同的文化地位。皇帝的權威可以追溯到遠古的大禹時代。那時候的大禹，作為水利工程的領導者成功地治理好了洪水。而人們對龍王的信任只是建立在普通百姓信念的基礎上，龍王信仰同時還受到外來教義——佛教的影響。這樣一來，神話中的「真龍」（中國皇帝）在與民間信仰中的龍（龍王）的交鋒中就處於上風。皇帝，作為水利專制國家的最高統治者，領導地方實施大型官方主導的灌溉和治水工程，或者用魏特夫的話來說，就是「水利農業」。中國皇帝的權力最遠可以追溯到禹。龍王，作為水利等級制度裏的地方一層的官員，只是地方或省級的地方官而已；龍王只能從事小型灌溉活動，魏特夫稱其為「灌溉農業」。

---

13 吳承恩，1967，62-63。
14 Wittfogel, 1957, 87.

通過對比中國神話中的龍和民間信仰中的龍王，我們看到中國龍在不同的敘事題材和語境下有著不同的象徵意義；同時，二者在神話等級體系中所處的地位也是不同的，這種現象的根源在於水利系統的等級分層。龍王在「外形上」是個龍，根據宋朝羅願的《爾雅翼》，「龍有九似」，分別是：頭似駝，角似鹿，眼似兔，耳似牛，項似蛇，腹似蜃，鱗似魚，爪似鷹，掌似虎。雖龍王時常會顯人形，真正的樣子大致就是《爾雅翼》中「九似」的樣子。總之，中國神話中的龍和龍王雖外形相像，但象徵意義截然不同。

西方的水中之龍

水這個具有雙重屬性的物質，是一切民族神話裏不可或缺的重要元素，西方神話也不例外。人們控制水資源並利用水資源發展商業貿易，水產品還可以為人類提供食物。然而，水偶而也會吞沒船和人，是最難控制的東西。在早期歐洲和中東地區的人們看來，水同時具有創造性和毀滅性的力量，水能主宰生死。馬丁‧尼恩科在關於水對古人的意義一文中指出，古希臘人和古意大利人認為水的雙重屬性體現在它所具有的非凡力量上。[15]根據理查‧奧尼恩斯[16]調查，在美索不達米亞地區，人們也有類似的觀念，他的調查結果進一步驗證並補充了馬丁‧尼恩科的理論。以海因裏希‧吉穆耳為首的一些學者認為，人類要想建立宇宙秩序，治水是一個典型而普遍的主題。[17]水具有的

---

15 Martin Ninck, "Die Bedeutung des Wassers im Kult und Leben der Alten: Eine Symbolgeschichtliche Untersuchung," Philologus, suppl, XIV 2, 1921, 47-49.

16 Richard B. Onians, The Origins of European Thought about the Body, the Mind, the Soul, the World, Time, and Fate, Cambridge University Press, 1954, 229 f., 288-291.

17 Heinrich Zimmer, Myths and Symbols in Indian Art and Civilization, Ed. by Joseph Campbell, New York: Harper Torchbooks, 1962, 83-90.

破壞性的一面常被描述成海怪，引發海上的混亂。巴比倫的創世神話開篇敘述了兩個不同的神——阿普蘇和提亞瑪特，阿普蘇是淡水神，後來形成了內陸水，提亞瑪特是鹹水女神，鹹水裏住著海獸。之後，巴比倫的龍就叫作提亞瑪特。創世紀神話詩開頭是這樣說的：

> 世界誕生在很高的地方，天還沒得到命名，在下面，堅固的大地還沒有名字來稱呼他的時候，只有他們（眾神）的最初的父親阿普蘇，和造就他們一切的母親提亞瑪特，這兩種水混合在一起……[18]

　　雪萊指出，水在西方有時候是啟示錄或是惡魔的象徵。[19]啟示錄的象徵意義也就是我們所說的水的神秘性。西方的水是「生命之水」，是上帝之城中的伊甸園之河，在宗教儀式上表現為洗禮。「另一方面」，雪萊指出，「水象徵的是冥界，或是無機界，充斥著混沌和溶解。因此人死後靈魂常會在水中遊蕩或是沉入水底。[20]

　　從埃及時代開始，西方的龍便和水有著牢不可破的緊密聯繫。埃及水神是龍的祖先，具有創造性和毀滅性的雙重力量，這是水的雙重屬性的體現。艾略特・史密斯在《龍的演化》一書中，嘗試尋找龍的真正祖先，他發現龍這個集天使和魔鬼於一身的動物是三種埃及神話形象的結合。這三種埃及神話原型分別是哈索爾、奧西里斯和荷魯斯。[21]

18　Eliade, 1958, 191.

19　Frye, 1957, 146.

20　同上。

21　關於龍和水的密切關係參見Elliot Smith, 1919, 77ff and S. Davis, "Argeiphontes in Homer-The Dragon-Slayer," Greece and Rome, X XII，33-38.

水神奧西里斯，教給人們農業知識和工藝手藝，幫助人們建立了一些宗教儀式。他掌管著尼羅河水、土地和植物的生長，給尼羅河人民創造了豐收的食物。正是由於龍和水的密切聯繫，因而龍也有了給人間帶來恩惠的作用，龍的這種創造性的作用同中國人觀念裏的龍王的作用不謀而合。在尼羅河流域，奧利西斯幫助人們澆灌土地，使乾裂的土地重新煥發生機。奧利西斯本身也是洪水神，也是陰間的最高統治者。在埃及神話中，只有太陽神拉能與之相提並論。[22]

大體來講，西方的龍喪失了埃及水神所具有的積極像徵意義。西方人突出強調水所具有的消極意義。西方的龍雖在外形上千奇百怪，但龍的身上只體現水所具有的世俗屬性。如果說水想要行善，那龍便會阻礙水完成行善的使命。與標準化的中國龍的「九似」不同，在西方，沒有任何兩種龍的樣子是完全一樣的，即便如此，所有的龍身上都具有世俗性，會讓人聯想到雪萊所說的「魔鬼世界」。東西方的龍，雖都與水有直接的聯繫，西方的龍外形的多樣性和象徵意義的內在統一性同東方龍外形的一致性和象徵意義的多樣性形成鮮明的對比。

在歐洲和中東地區的神話中，海和死亡所具有的世俗性是相當的，海神和死神外形上有著驚人的相似。比如，母龍 Delphyne-Echidnay 與海神和死神都有著極為密切的關係。在烏加裏特語中，代表暴風雨和大災難等自然混亂現象的海神和死神分別叫作雅姆和摩特。[23]在上一章中我曾提到過西方的龍是死亡和火的結合，而與之形成鮮明對比的是，東方的龍是水和生命的結合。接下來我會講到，對西方的龍而言，水和火是可以共存和相互轉化的死亡的兩種屬性。

希臘神話中，堤豐與水的聯繫尤為引人注意。諾努斯在其所著的

---

22 Newman, 1979, 5.

23 關於死亡與大海之間的關係，參見Fontenrose, 1959, 142- 143.

史詩《狄奧尼西卡》一書中寫道：堤豐和宙斯在水中大戰，他頭周圍的蟒蛇在水中翻騰，掀起驚濤駭浪。[24]普魯塔克（希臘歷史家）認為，在更早的埃及神話裏，人們：把堤豐看作是海。埃及的賽特有時化身成河馬或鯨魚，在海裏、河裏遊蕩或搏鬥。這些證據足以證明堤豐與水有密切的聯繫。[25]

在西方，人們通常把龍與洪水相提並論，聖經中的大洪水便是一例（創世紀）。洪水在民間龍的傳說故事中是非常常見的一個主題，譬如斯蒂斯·湯普森母題 A1811.12（龍化身老鼠，從洪水中游到方舟上），母題 C12.2.2（諾亞無意中的詛咒讓龍上了方舟），母題 G303.23.1（龍踩著諾亞妻子的影子上了方舟）。有時候，蛇龍也會做好事，比如在母題 A2145.2 中，蛇用尾巴堵住方舟上的漏洞。[26]

所有的海獸都算上，最為著名的當屬利維坦。第三章中講到過，一些最新的研究表明，利維坦與舊約中提到的鱷魚、利維坦、拉哈伯、龍等實際上是一回事，由此看來，利維坦顯然不僅僅是純粹的一條海底鱷魚或是其它動物，她有著十分重要的象徵意義[27]。利維坦潛伏在海底深淵中，她既不遵守海裏的規矩，還會反抗神和人類的法條，她一但生氣，便會煽動海水，掀起暴風雨。

另一方面，西方的龍和水又是格格不入的，阻礙人類獲得賴以生存的水資源。比如，龍死守不老神仙水，[28]不讓人類飲用。另外一個強有力的例證是在聖喬治傳說中，一個殉道士同龍搏鬥，因為這只龍堵住井口，引發旱災。最後聖喬治把龍殺了，他打開井口，大地回

24 Nonnos, Dion. 1.263-283.

25 Plutarch, Moralia, 363DE, 376A, 376F-376A. Fontenrose, 1959, 143.

26 Leach, 1972, 395.

27 Day, 1985, 72.

28 故事參見Thorkild Jacobsen, "Sumerian Mythology: A Review Article," Journal of Near Eastern Studies, 1946, 128-152.

春[29]。從這些例子我們可以看出，西方的龍是乾旱和火災的象徵。

通過認真研究我們不難發現，無論是象徵水災也好，象徵旱災也好，在西方神話中，龍常常扮演反面形象。

泉與火

縱觀歷史，大量的宗教儀式與泉，溪，河流有密切的聯繫，在這些儀式中人們賦予水各種不同的意義。所有的這些膜拜儀式最初都是基於早期人類對水這一神秘元素所具有的毀滅性力量的恐懼心理，同時也是因為人們對泉中精怪顯靈的想像。有些膜拜風俗從新石器時代延續至今。以格力斯提溫泉和聖索沃爾溫泉[30]為例，直到今天，人們仍然可以在那裏看到新石器時代和羅馬時期盛行的「還願」儀式[31]。在貝塔佐尼關於薩丁島原始宗教的專題研究裏，我們發現早期薩丁島人把泉當成活物膜拜，並為它供奉祭品。[32]

諾曼第人道格拉斯對地中海地區的生活方式頗有研究。他在《古龍的卡拉布裏亞》[33]一書中詳述了龍與泉的關係，彰顯了他超越常人的洞察力。道格拉斯在這本書裏的一些論斷以後陸續被 W.N.布朗、法蘭克福、雅各森、方廷羅斯和當代學者證實。他認為原始的龍就是泉——水從大地流出的源頭。他認為，在意大利和阿拉伯，泉也稱為「泉眼」，眼必須長在頭上，頭必須長在身體上；蛇為泉提供了一個合適的動物外形，因為蛇有玻璃般的眼睛，穴居的習性，頑強的生命

29 Newman, 1979, 205.

30 Claudius Vaillat, Le Culte des Sources dans la Gaule Antique, Paris, 1934, 24-35.

31 關於更多與泉水有關的祭儀，參見Eliade, 1958, 200- 201.

32 R, Pettazzoni, La Religione Primitiva in Sardegna, Piacenza, 1912, 102.

33 Norman Douglas, Old Calabria, New York: Modern Library, 1928.

力，而龍因與蛇外表相似，自然也與泉有了一定的聯繫[34]。事實上，要證明龍與泉有關係，道格拉斯完全可以列舉下面的例子，這樣既可以節省篇幅，又有說服力。比如說希伯來的第十六個字母 ayin 的含義既是眼又是泉；[35]泉在希臘和意大利分別叫作 Dragonria 和 Gragonira；在中國，水管的旋塞被稱作「龍頭」。我們可以用一個成語來形容龍和泉的關係，那就是「形影不離」。中國有不少地方用「龍」字和「泉」字取名：「龍泉」、「龍泉池」、「龍泉寺」和「龍泉巷」等。

　　龍泉寶劍更是龍與泉的結合。龍泉寶劍是中國古代十大名劍之一，十大名劍是：承影劍、純鈞劍、魚腸劍、干將劍、莫邪劍、七星龍淵劍、泰阿劍、赤霄劍、湛盧劍、軒轅夏禹劍。其中七星龍淵劍傳說是由歐冶子和干將兩大著名鑄造師聯手鑄成。歐冶子和干將為了鑄此劍，將茨山鑿開，放出山中的溪水，引至七個池中，在鑄劍爐旁成北斗七星環列，所以寶劍又名「七星劍」。如果持劍人從上到下俯視劍身，就如同登高山望山下深淵，看到深淵中飄渺深邃、水波閃爍，彷彿有一條巨龍盤臥其間，所以此劍稱為「龍淵」，此劍全名「七星龍淵劍」，簡稱龍淵劍。唐朝時因避唐高祖（名李淵）諱，便把「淵」字改成「泉」字，曰「七星龍泉寶劍」，簡稱龍泉劍，於是漢語裏龍與泉結下不解之緣。

　　泉跟龍的確均與火有一定的關係，[36]但道格拉斯的研究忽略了一點，那就是中國龍跟泉其實與火毫無關係，以上龍泉就是一個例子。在中國，泉中的龍成為世俗的龍王或天神，跟火沒有絲毫關係。天上的泉化身成了「飛龍」，騰雲駕霧，驅雷掣電，給人間帶來暴風雨。對中國神話中的龍而言，火是個完全陌生的事物，二者甚至有些格格

34　同上，132-138。

35　Fontenrose, 1959, 545.

36　Douglas, 1982, 132-138.

不入。一些古典中國文學中確有談到過「火龍」[37]。南北朝時期南朝
（420-589）的祖沖之在《述異記》中對此有過解釋，他認為火龍是
從西域傳到中國的。[38]與此形成鮮明對比的是，西方的龍與泉跟火有
著很深的淵源。的確，能噴火是西方龍的一個必不可缺的重要能力，
這對樹立其惡魔形象至關重要。

在第三章我提到過火同西方龍有著很密切的關係。對西方龍而
言，火山口就是能噴火的泉眼；火山噴發熔岩時，龍就變成了火龍，
龍呼出的毒氣就是火山裂縫中噴出的濃煙。例如，在《貝奧武夫》
中，火山口的龍代表著具有破壞性和毀滅性的力量和怒火。我想在這
裏強調兩點，第一，在西方，龍和泉的關係是通過火山口建立起來
的；第二，西方龍雖然與火關係密切，但本質上是一種水生的動物。
《舊約》的《約伯記》中有利維坦從口中噴出火和煙的情節[39]，可以
作為對第一點的解釋。

《約伯記》41 節 19 句：從它口中發出燒著的火把與飛迸的火星；

《約伯記》41 節 20 句：從它鼻孔冒出煙來，如燒開的鍋和點燃
的蘆葦；

《約伯記》41 節 21 句：它的氣點著煤炭，有火焰從它口中發出。

上述文字給我們描繪了一個典型的西方龍的形象，雖然對於利維
坦這樣的水生動物，能噴火的確有些奇怪，但這種形象與古埃及和美
索不達米亞神話中龍的形象是一脈相承的。在美索不達米亞地區的殼
斑塊或是雕刻柱上，我們可以看到長著七個頭的火龍，樣子和利維坦

---

37 《周易》，1965，1.a。

38 《廣博物志》，第七卷，第四十九章，4335。西域就是西部地區，在漢朝對玉門關
以西地區的稱呼，包括今天的新疆和中亞部分地區。

39 關於利維坦是否是龍的討論，詳見Day, 1985, 62-72.

一模一樣。[40]神話中在洪水裏被獵殺的火龍形象是建立在中東地區早期的世界觀之上的，那時候人們認為在天界和冥界之間，有一個能噴火的海存在。

希臘羅馬傳統也習慣把水中龍蛇與火聯繫到一起。在維吉爾《埃涅伊德》[41]裏描繪的巨大的毀滅場景中，畫面中有貪婪的餓狼，有海上的風暴，還有無邊的蕭蕭落木——所有這些都是為了襯托這一形象——希臘堤豐龍。在《埃涅伊德》的第二部分中，作者一次次把襲擊者的殘忍、狡詐和助長他們威風的火焰與蟒蛇做對照。維吉爾筆下的蟒蛇不論在外形還是象徵意義上都具有典型的西方龍的特點。蟒蛇從海面游來，向岸邊前進。它們的前部和血紅的頂冠高出水面，其餘的部分在後面的海水裏曲曲卷卷，嘩嘩啦啦，濺起浪沫水花。在書的第五部分描述了它們如火焰般熾熱的眼睛。還有一個例證是凶神阿列克托把毒蛇投向王後阿瑪塔的胸膛，於是王後心中產生毒焰。[42]

關於蟒蛇和火焰的比較在古拉丁語文學中十分常見。拉丁語中的 serpere、lambere、labi、volvere 和 micare 既指蟒蛇又指火焰，[43]尤其是在口語中，蟒蛇和火焰是互通的。[44]

40　Pritchard, 1969, Plague 671, 691.

41　Vergil (Publius Vergilius Maro, 79-19 B.C.), The Aeneid of Virgil, trans. Day Lewis, New York: Doubleday Anchor Books, 1952, 35-59.

42　同上，103-129。

43　Serpere用作指火焰的例子請參見：Statius, Silvae, V, 5, 20; Ovid, Remedia Amoris, 105; Seneca, Medea, 819; Caesar, B.C, III, 101. Lambere用作指火焰的例子請參見：Virgil, Aeneid, III, 574; Horace, Satires, I, 5, 74. Lambere用作指蟒蛇的例子請參見：Ovid, Met., III, 57, IV, 595; Statius, Theb., I, 91, V, 524. Labi用作指火焰的例子請參見：Virgil, Georg., II, 305; Horace, Sat., I, 5, 73. Micare用做指蟒蛇的例子請參見：Cicero, De Div., I, 106; Vergil, Georg., III, 439.

44　Bernard M. W. Knox, "The Serpent and the Flame," American Journal of Philology, 71 (1950).

小結

　　概括來說，西方的水中之龍要麼象徵水混沌的一面，要麼就是發展成火龍。即便如此，龍的象徵意義在本質上並沒有變化——龍始終是一個世俗性的應該被逐出人間的惡魔。同時我們發現，同樣是水生動物，不同的龍在中國這個水利社會隸屬於不同的等級，有著不同的作用。因此，西方龍外形和肢體功能上千奇百怪，但它們所具有的象徵意義在本質上是一致的，這點與東方龍截然不同。我們不妨可以這樣說，中國龍外形上具有同質性，在象徵意義上具有異質性，而西方龍在外形上是異質的，在象徵意義上是同質的。

第六章
屠龍者

　　屠龍是古代神話中常見的主題。神話中的英雄熱衷於和龍一決高下，似乎只有這樣才能配得上英雄的稱號。屠龍神話廣泛存在於世界各地，蘇美爾神話中尼努爾塔打敗安祖，赫梯神話中暴風雨神殺死蛇妖伊盧延卡，迦南神話中巴力斬羅騰，吠陀神話中因陀羅大勝弗栗多，希臘神話中宙斯征服堤豐。這些屠龍故事（斯蒂斯・湯普森，母題 300）被冠以各種各樣的名字。說起屠龍——人們很容易就會聯想到貝奧武夫、齊格弗裏德、帕爾修斯、聖喬治和大天使米迦勒——此類屠龍故事在全世界的民間故事和文學故事中十分常見，包括中國和日本。每個屠龍者的神話故事都有其自身獨特的風格，彰顯著不同的民族特色，這也正是它們的魅力所在。並不是所有的龍都可以被屠戮：中國神話中的龍便是個例外，它們能騰雲駕霧，是任何屠龍者都難以企及的，它們的身上承載著人們無窮無盡的想像力。不過同西方的龍一樣，中國民間故事中的龍和人們的現實生活緊密相連，是可以被屠戮的。

人類生活中的龍

　　正是由於介入人類事務，龍才最後淪落到英雄的刀劍之下。在西方，龍對人類日常生活的介入可追溯到人類社會早期。古埃及神話中兩兄弟的故事被認為是《約瑟夫傳奇》中關於波提乏之妻故事的原型。在這個故事中，哥哥的妻子想要引誘與他們夫妻同住的弟弟，弟

弟拒絕了，她就誣陷說他想非禮她，這故事頗似《水滸傳》中潘金蓮誣陷武松，不過以下情節就不同了。埃及神話中的這位倒楣弟弟最後不得不逃走了，哥哥在四處找他算帳。弟弟向拉祈禱，祈求拉為他主持正義。於是有個湖出現在了兩兄弟之間，湖裏滿是惡龍。

這個神話在一定程度上給我們再現了古代埃及人的日常生活。在此類神話中，龍的出現不再是一個故弄玄虛的神秘情節，它同整個故事在邏輯上是一致的。埃及神話同後來的歐洲神話一樣，具有了民間故事的特徵：將人們的日常生活同虛幻世界相結合。同其它古文明的神話相比，中國神話沒有一個固定的結構模式，缺乏生活細節。因而，中國神話中龍只存在於人們的精神世界。中國神話龍從來不會參與人們的日常事務，世俗的差事一般只能由傳奇、民間信仰或是民間故事裏的龍去完成。在西方，不管是神話中的、傳奇中的還是民間信仰裏的龍都能被殺戮。而在中國傳統中，只有民間故事裏的龍能被屠殺。出於上述原因，我們對不同體裁中出現的西方龍進行了區分。

民間故事中，人們把現實生活同龍的荒誕不經結合起來，使普通人成為英雄人物變為可能。人一旦變成故事中的人物，他們的生活將在很大程度上得到豐富和擴展，一切的人類活動和實踐都被包含其中。在這種情況下，故事中的人物不再是日常生活中的一個小人物，而是神，並且能與周圍的神互動。在人──龍衝突的故事中，龍不再是人類世界以外的完全神秘的動物。屠龍者與龍的較量不會使他們自己同日常生活割裂開來。相反，這會讓屠龍者看到自身生命的意義，實現自身價值。屠龍故事是探究人的思想意識的一個途徑：通過與龍較量，英雄人物會發現生命的真諦，開始理解什麼是真正有意義的生活。

上文中提到了不少反映人們現實生活的西方屠龍者的傳說。龍身上所帶有的外來性是它們被屠殺的根源。這種飽含濃厚生活氣息的民

間故事不勝枚舉，在全世界範圍內廣泛存在。最廣為人知的便是給龍祭獻的主題。故事的主要情節是有一個年輕人——通常是家裏的醜小鴨——遇到了一個美麗的少女——通常是公主——這個少女將會被祭獻給惡龍。這個少年英雄徒手殺死怪獸，砍下它的頭（通常是七個），挖掉它的一隻眼，並請求與公主結婚。但這時候少女要求英雄去偏遠的地方為他做一件事。有時候提這個要求的是少女的父親。少年回來後（通常是七年），發現少女正要跟一個冒名頂替屠龍者的人結婚。少年拿出龍眼，證明了身份，贏得了少女的芳心。類似的故事我們可以在許多其它民族的民間故事中看到，只不過是人物名字換成了當地的名字，或是主人公變成已取得其它功績的英雄。例如，斯堪的那維亞半島的思博維斯（Silberweiss）和裏瓦克（Lillwacker），俄羅斯基輔的恐怖故事等。在中國有高亮河的故事（根據民間故事，北京的高亮河是以一個在河中打敗龍的民間英雄——高亮命名的）。[1] 從這些故事中我們不難發現，龍與人們的日常生活有著密切的聯繫，屠龍成了英雄們引以為傲的豐功偉績，幫助他們確立了很高的社會地位。

西方屠龍者

在西方神話、民間故事和傳奇中，屠龍者與龍戰鬥的地點一般都在屠龍者自己的地盤上，龍最後的結局是被殺死。於是，屠龍故事在西方數不勝數，有發生在神與神之間的、聖人和龍之間的和中世紀時候騎士與龍之間的。比如，在古埃及神話中拉和塞特的搏鬥；巴比倫，提亞瑪特被馬杜克征服；北歐和英格蘭北部，貝奧武夫和龍同歸於盡；希臘，龍支持泰坦攻擊雅典娜。赫拉克勒斯也曾遇到過龍，並

---

1 顧希佳：《龍的傳說》，北京：中國民間文藝出版社，1986，112-116。

把龍殺死了。很久以前，宙斯跟赫拉結婚時，所有的神祇都給他們送
上禮物。大地女神蓋亞也不例外，從西海岸帶來一棵枝葉茂盛的大
樹，樹上結滿了金蘋果。按照歐律斯透斯的命令，赫拉克勒斯必須從
巨龍那兒摘取赫斯佩裏得斯的金蘋果。提坦、阿特拉斯和赫斯佩裏得
斯被指派看守栽種這棵樹的聖園——凡人一概不知道金蘋果樹的下
落。幫助他們看守的還有拉冬，它是赫拉克勒斯完成使命的障礙。雖
然拉冬從不睡覺，但它還是沒能幸免，被赫拉克勒斯殺死了。拉冬是
頭巨龍，有人說它是堤豐和厄喀德那的後代，也有人說它是福耳庫斯
和刻托的後代，還有人說它是蓋亞的後代。人們相信拉冬與蓋亞之間
有一定的關係，在阿卡迪亞有與拉冬同名的河和水神，而且赫斯佩裏
得斯原來也是阿卡迪亞的神，所以，拉冬的原型可能就是阿卡迪亞的
水神。

在這些無數與龍搏鬥過的聖人中，最有名的莫過於聖喬治，他是
英格蘭、亞拉貢、葡萄牙和斯洛維尼亞的守護聖徒。聖喬治確有其
人。據《聖徒傳》記載，他出生於卡帕多西亞（小亞細亞東部的古王
國），為羅馬騎兵軍官，驍勇善戰，由於阻止羅馬皇帝戴克裏先迫害
基督徒而於公元 303 年 4 月 23 日在尼科米底亞慘遭殺害。十字軍第三
次東征的守護聖徒便是聖喬治。他從來不是教會聖徒，事實上在
1970 年，他的名字被從教會年曆上刪除。聖喬治的故事很模糊，現存
的史料大多是傳說故事而非史實。聖喬治最被人稱頌是屠龍（在西方
世界廣為人知）以及他讓不孕的婦女懷孕的魄力（西方世界少數人知
道的秘密）。聖喬治到利比亞時，薩布拉公主正要被祭獻給一條惡
龍。為了拯救「危難中的少女」，他同龍搏鬥，打傷了龍並把它拴在
了少女的腰帶上。聖喬治的傳說深受希臘神話中帕爾修斯傳說的影
響。帕爾修斯殺死美杜莎後，他遇到了被鐵鍊緊緊鎖在岩石上的少女
安德洛美達，她是獻給禍害百姓的海神的犧牲。通過與這只龍的激烈

搏鬥，他殺死了惡龍並且與安德洛美達幸福地結合了。這個故事是聖喬治傳說中很重要的一部分。

在早期基督教思想中，龍具有代表反基督教或是異教的寓意。不管聖喬治傳說的史實性有多大，有一點是肯定的，那就是聖喬治傳說的形成同十字軍的影響是分不開的。同時，帕爾修斯和安德洛美達的希臘神話傳說也對聖喬治傳說產生了很大的影響，帕爾修斯和安德洛美達是古代民族主義和排外主義的代表。

從俄羅斯到衣索比亞，從西班牙到瑞士，許多國家的國旗或戰旗都以聖喬治屠龍作為象徵主題。在英格蘭，至少從十二世紀開始就以紅色十字符號象徵聖喬治。1348 年，愛德華三世尊聖喬治為嘉德勳位守護神。亨利五世在聖喬治的名義下贏得了一場重要的戰役後，更加尊重這位聖人。1419 年，亨利五世下令說「我方的每個人，無論是否富有，處於何種條件下，或來自何方，均須佩戴足夠大而明顯的聖喬治徽章，因此，他如受傷、死亡或處於其它險境，都不會感受到任何痛苦。敵軍不會佩戴聖喬治徽章，因而死亡的痛苦必將降臨其身。」[2]聖喬治的紅十字旗與蘇格蘭聖安德魯的白十字旗結合形成了大不列顛聯合王國國旗。安德魯白十字的交叉形狀像字母 X。聖安德魯據說是被釘死在一個十字架上，這個十字架在馬賽的聖維克多修道院，但這裏的十字架明顯是通常的直立的十字架。1606 年，蘇格蘭詹姆斯六世，也就是後來的英格蘭詹姆斯一世宣佈：「在國會的建議下，我們根據紋章局規定的統一形式特頒佈如下命令：從今以後（1606 年 4 月 12 日），大英帝國及其海島與所有成員國均須在主桅樓升起紅十字旗，我們也稱其為聖喬治十字，同時還要升起白十字旗，

2　Whitney Smith, 1975, 182.

我們稱其為聖安德魯十字，兩者須同時使用。」[3]和西方給予屠龍者至高無上的榮譽形成對比的是，1863 年到 1912 年的中國清政府卻將一條黃龍繪製在國旗上。

不丹國名的意思是「龍之土地」，不丹的國旗上仍然有一條白龍。歐洲許多國家的硬幣上都有聖喬治的身影。英格蘭的印有聖喬治與龍的金幣在 1817 年喬治三世時期開始流通。從那時起聖喬治與龍的形象就成為英國造幣業的常規設計。澳大利亞和加拿大也曾使用這個樣板。另一種頗受喜愛的龍形象出現在馬恩島的天使金幣上。在沙俄也有一系列印有聖喬治與龍的硬幣，但是在早期的沙俄硬幣上，屠龍英雄是一個立陶宛籍的利沃尼亞騎手。那騎手後來被聖喬治取代。根據世界硬幣標準目錄，沙俄的聖喬治與龍的硬幣從沙皇彼得大帝（1672-1725）到保羅一世（1796-1801）一直被沿用。

聖喬治與龍還出現在 1915 年普魯士的三馬克銀幣上，這一形象設計擁有 700 年的歷史。聖喬治與龍的形象也曾出現在（德國）曼斯費爾德，西西里——那不勒斯和匈牙利的硬幣上。後來歐洲國家的硬幣上用聖邁克爾取代了聖喬治。聖邁克爾的形象最早於亨利六世（1421-1471）時期出現在英國金幣上。在梵蒂岡的硬幣上，邁克爾常常代替喬治。東西方龍的差別在硬幣上得到淋漓盡致的體現。與西方勇者鬥惡龍的形象不同，在中國（1875-1908，和 1906）、日本（1867-1912）、高麗（1906-1908）和安南（舊越南）（1841-1847），[4]善龍的形象一直是黃金和白銀硬幣上的主題。這個傳統至今仍然存在。例如，1981 年中國鑄造了印有龍形象的 150 元面值的金幣和 30 元面值的銀幣。新加坡的一盎司和五盎司銀幣的顯著特點是上面印有

3　Whitney Smith, 1975, 185.

4　印尼1974年以100, 000盧比的門票價展示科莫多巨蜥，但它是一種自然動物，不是象徵動物。

兩隻五爪龍。[5]

其它屠殺過龍的歐洲聖徒還有：聖凱恩，聖卡杜，聖古斯蘭克和聖瑪格麗特。聖徒屠龍救出少女的故事被看作是一種寓言——基督教的騎士有戰勝惡魔拯救人類的力量。婦女也可以完成屠龍的使命。天主教宗教藝術中有聖母瑪利亞征服毒蛇的故事，毒蛇通常被叫作撒旦或是路西法。《創世紀》中毒蛇欺騙了夏娃，上帝懲罰毒蛇和女人為敵，見到女子即咬其腳後跟，此後女子便開始怕蛇，而男人們則見蛇就打其七寸。根據基督教壁畫，夏娃的後代聖母瑪利亞打敗了毒蛇，或者說是龍。在這裏，蛇或者龍還有另外一個象徵意義，那就是從遠古時期開始，蛇剝奪了人類長生不老的權利——我們在古蘇美爾人和巴比倫的《吉爾伽美什史詩》中可以看到這個主題。吉爾伽美什是希臘神話中赫拉克勒斯的原型，他是美索不達米亞史詩中一個偉大的英雄。吉爾伽美什的神話故事在所有古蘇美爾、古巴比倫和古亞述神話中是篇幅最長的，也是最複雜的。

有些基督教傳統裏的屠龍者，比如巴黎的聖馬塞錄和普瓦捷的聖希拉蕊，並非勇士而是主教，他們屠龍的武器並不是刀劍而是十字架。[6]在中世紀，屠龍同騎士精神和冒險精神聯繫在了一起。在英格蘭因屠龍而聲名鵲起的騎士有蓋伊、約翰爵士、沃恩克利菲的莫爾等。屠龍成為一種無上的榮譽，一個騎士如果沒屠過龍就不能稱為是一流的騎士：事實上，龍存在的唯一意義似乎就是等騎士來殺，幫助他們取得聲望。中世紀的歐洲，國家把屠龍成功看作是騎士的功績。

5　Dudley L. McClure, "The Dragon: An often Ill-Behaved Mythical Creature Whose Likeness Has Graced Many Coins," World Coin News, 15.6 (Feb.9, 1988): 30, 34, 36, 38.

6　作為中世紀對歐洲龍傳說的批評性研究，特別是作為馴龍主教的主題，參見Jacques Le Goff,「Ecclesiastical Culture and Folklore in the Middle Ages: Saint Marcellus of Paris and the Dragon,」 Time, Work and Culture in the Middle Ages, Chicago, 1980, 159-188.

游俠式的騎士騎馬在全國各地遊走，尋找龍的蹤跡，幸運的話，他們有可能從邪惡的龍那裏解救出美麗的少女。那時候，人們對龍極為仇視，而對婦女又是極為尊敬。騎士冗長的事蹟便是那個時代特有的產物。在《亞瑟王朝廷上的康乃狄克人》一書中，馬克吐溫就拿每個騎士都編造屠龍開玩笑，他說道：「事實上，騎士故事並非真人真事──準確來講；但如果按當時的標準來衡量的話，那騎士故事就是真事。原因很簡單：你把這些故事打九七折；剩下的便是事實。」[7]

　　然而真正吸引我們的並不是這些屠龍故事中英雄的騎士，而是為什麼人們會相信這些故事是真的。如果我們能從屠龍故事推崇者的角度去看這些故事的話，或許可以理解普通人是如何突破自身的局限和狹隘，被賦予超人的力量。殺死一隻龍就能得到一個金蘋果，這個信念足以支持幾世紀以來的人們前仆後繼地加入到屠龍者的隊伍裏。這個信念甚至可以奠定一個社會的主基調。為了確保自身的生活不受打擾，人必須要除掉那些對自身生活造成影響的外來因素，比如去屠龍。如果現實中沒有龍，人類就會造出龍來供自己殺。在這一點上東西方是一致的。

日本屠龍者

　　日本的龍傳說受到中國和印度龍觀念的雙重影響，外來的思想同日本本國神道教的蛇狀水神相互融合。日語中龍最初叫做 tatsu，在漢字的影響下變為 ryu 或是 ruo（漢語中讀作 long）。日本有不少地方以這兩種龍命名：Tatsu Ga Hana（龍鼻），Tatsu-Kushi（龍鬚），Ryo-

---

7　Mark Twain, A Connecticut Yankee in King Arthur』s Court, Evanston, Illinois: Harper and Row Publishers, 1963, 127.

ga-mine（龍背）和 ryukan-gawa（龍河）。大體來講，只要屠龍者足夠勇猛，便沒有什麼龍能夠逃脫被屠殺的厄運。日本的龍不像中國神話中的龍那樣享有特權。

根據《古事記》（公元 712 年）和《日本書紀》（公元 720 年）這兩本日本史書記載，伊邪那岐曾屠死過一隻龍然後把它碎屍萬段，他的妹妹兼愛妻是太陽女神伊邪那美。伊邪那岐是日本「危難少女」的拯救者，他同從龍的手中救出安德洛美達的帕爾修斯一樣具有俠肝義膽。伊邪那岐被逐出天庭後住在肥河旁邊。每年龍都要來河邊擄走一個土地神的女兒。西方的龍有七隻頭，中國的龍只有一隻頭，而日本伊邪那岐的故事中龍有八隻頭。龍的身體很長，能橫跨八個峽谷和八座山。它的眼睛像冬天的櫻桃那樣紅，身上長著苔蘚和樹木。土地神因打不過龍，只能將自己的女兒獻給龍，還要獻上八大桶米酒。龍把自己的八隻頭浸入八隻桶中將清酒一飲而盡，醉後就睡下了。伊邪那岐用自己的雙頭劍把龍劈開，從龍的體內取靈氣劍，或是草雉劍——怪獸的化身。龍被殺死後，整個肥河都變成了紅色。[8]

中國屠龍者

中國屠龍者中國的龍在不同的語境中有著不同的象徵意義，只有民間故事中的龍能被殺，因此在介紹中國的屠龍者之前，有必要對神話、傳奇和民間故事這三者進行區分。第一章中提到過神話是對遠古時代所發生的事件的真實描述。人們都相信神話是真的。傳奇同神話一樣，也是對真實事件的描述，只是時代沒神話那麼久遠，在地理上

8　八歧大蛇故事的英文版本，參見Donald A. Mackenzie, China and Japan: Myths and Legends Series, New York: Avenel Books, 1985, 345-377.

也更貼近當地人的生活。人們把民間故事看作是小說，而不是教義或是歷史。民間故事不像神話和傳奇那樣受到史實的種種限制。民間故事不需要有神話那樣的「權威性「，也不需要像傳奇那樣在當地得到廣泛認可和信任。正因為如此，民間故事才變得如此親切和通俗易懂。雅各・格林曾這樣說過：「民間故事天馬行空，無所不能，傳奇靠雙腳走路，講述發生在身邊的故事；民間故事具有詩歌一樣的想像力，而傳奇具有史書一樣的可信度……古代神話，在一定程度上是二者的結合；雖自由奔放，但仍然有一定的史實性。」[9]

中國神話中的龍是教義的化身；它是神聖的，通常與某個朝代，尤其是遠古時期朝代的興衰緊密相連。中國神話中的龍是不能被殺的，它們屬於人類存在的內部形象，具有積極的象徵意義。人們相信傳奇中那個讓人既愛又恨的龍王是真實存在的。民間信仰中，人們甚至把傳奇中的龍王進一步具體化，把龍王放到龍王廟裏供奉起來。下面我們來看看神話和民間信仰以外的第三類龍——民間故事中的龍。

民間故事是指那些作者不詳，最初靠口口相傳，代代流傳下來的故事，這些故事雖自稱是真事，但純屬子虛烏有。民間故事的唯一目的便是娛樂聽眾；對聽眾的信仰不產生任何影響。關於中國龍的民間故事屬於民間小說，意在激勵或是娛樂聽眾，而非在某方面指引或是教化他們。中國民間故事中的龍和中國神話中的龍在外形上是一樣的，然而，與中國文化環境的影響相比，世界民間故事的普遍規律對中國民間故事的影響要大得多。也就是說，中國民間故事中的龍與西方龍的相似之處要比它同中國神話中龍的相似之處要多得多。中國民間故事中的龍具有異己元素，能夠也應該被除掉。在西方，無論是神話、傳奇還是民間故事，龍的身上都帶有同樣的異己特徵。

9　Jacob Grimm, Teutonic Mythology, London, 1882-83, 3:XVI-XVII.

　　日月潭是亞洲最受歡迎的景點之一。從下面這個關於日月潭的民間故事中我們就可以看到，為什麼民間故事中的龍是可以而且應該被殺死的。很久以前，兩條惡龍住在一個深潭中。這兩條龍非常兇暴。一天，太陽行過天空，一條龍飛起來吃了太陽；晚上，月亮出來，另一條龍飛起來吃了月亮。兩條龍飛回潭中，把太陽和月亮當球一樣把玩。它們只顧自己玩得高興，絲毫不考慮沒有了太陽和月亮，世界是一片黑暗，死氣沉沉。大尖哥和水社姐是兩個善良的年輕人。他們不畏艱險希望找回太陽和月亮。大尖哥和水社姐悄悄地鑽進惡龍居住的岩洞裏，從惡龍的談話中偷聽到他們最怕埋在阿里山底下的金斧頭。大尖哥和水社姐歷盡艱險，頂風冒雨，跋山涉水，終於來到阿里山下，從山底下挖出了金斧頭。然後他們又回到大潭邊，恰好兩條惡龍正在潭裏玩耍太陽和月亮。大尖哥和水社姐把金斧頭扔進潭中，殺死了兩條惡龍。

　　兩條惡龍死了，可是太陽和月亮還是沉在潭裏。大尖哥摘下公龍的兩顆眼珠，一口吞下肚；水社姐摘下母龍的眼珠，也一口吞下肚。他們變成了巨人，站在潭裏像兩座高山，大尖哥用勁把太陽拋起來，水社姐就拔起潭邊的棕櫚樹向上托著太陽，把太陽頂上天空。接著水社姐用勁把月亮拋上了天空，大尖哥也用棕櫚樹把月亮頂上天空。太陽和月亮又高掛在天上，光耀大地，萬物復蘇。草木活了，樹上的鳥兒又歌唱了，田野裏稻穀又結穗了，人們歡呼雀躍。而大尖哥和水社姐從此變成了兩座雄偉的大山，永遠矗立在潭邊。後來，人們就把這個大潭叫作日月潭，把這兩座大山叫做大尖山和水社山。直到現在，每年秋天仍然可以看到人們穿著美麗的服裝，拿起竹竿和彩球來到日月潭邊玩托球舞，學著大尖哥和水社姐的樣子，把彩球拋向天空，然後用竹竿頂著不讓它落下來，以此來紀念大尖哥和水社姐這對青年英

雄。[10]這個故事就顯示了中國民間龍的傳說更多遵循國際民間傳說的
規律，而不是受中國文化環境制約。

　　中國民間傳說中的龍是一種自由的形象，它可以好，可以壞，可
以善，也可以惡。「禿尾巴老李」是黑龍江省廣為流傳的善龍殺死惡
龍的民間傳說。中國東北的黑龍江（俄國人所謂阿莫爾河）從前是中
國的內河。根據不平等的《中俄璦琿條約》（1858 年）、《中俄北京條
約》（1860 年）、《中俄勘分西北界約記》（1864 年）、《中俄伊犁條
約》（1881 年），中國失去黑龍江以北、烏蘇里江以東的領土，黑龍
江成了中俄界河，這就是恩格斯所說，俄國不費一槍一彈「從中國奪
取了一塊大小等於法德兩國面積的領土和一條同多瑙河一樣長的河
流」。（《俄國在遠東的成功》摘自《馬克思恩格斯全集》第 12 卷，
662 頁）。據傳說黑龍江是中國內河時叫白龍江。從山東來的黑龍
「禿尾巴老李」戰勝了這河裏原來邪惡的白龍後，這條河才被稱為黑
龍江。黑龍「禿尾巴老李」的尾巴是被他伯父切斷的。白龍原本住在
河邊，它常淹沒田地危害百姓。黑龍「禿尾巴老李」決定在一個老人
的幫助下趕走白龍。按照黑龍的指示，老人準備了一些饅頭和石頭，
並把它們堆在岸上。戰鬥開始，老人密切注視著河水。泥沙泛起，河
水翻滾，波浪沖到岸邊。當河裏泛起黑色泡沫，老人扔下饅頭給黑龍
吃；當河水冒起白色泡沫，老人便往河裏扔石頭。最終，黑龍打敗了
白龍。黑龍從此定居在這條河裏，河水也變成了黑色。所以，從此以
後這條河便被稱為黑龍江。因為黑龍「禿尾巴老李」是從山東來的，
所以即使在今天，黑龍江上的船夫在開船前也會問：「我們船上有山
東來的嗎？」如果回答是「有」，那麼這次航行就是安全的。為了保

---

10 上海教育出版社編：《中外民間故事選》（上海市：上海教育出版社，1983年），頁
　　230-239。

險，船夫還會用山東方言喊「砍尾巴」來嚇唬黑龍。[11]

日月潭傳說中的兩條龍被稱為惡龍。在「禿尾巴老李」的傳說中，白龍有很多不同的名字，如：惡龍、孽龍或者乾脆就是龍或者龍王，中國民間傳說故事中常常稱它們為蛟或者蛟龍。最著名的屠蛟英雄就是京劇《除三害》中半歷史半小說的人物周處了。在劇中，周處以兇暴強悍聞名，喝醉後好爭鬥，長橋河中有條蛟龍，南山上有只白額虎，一起侵害百姓。百姓稱他們是三害。有一位老人，是周處已故父親的朋友，向周處講述了猛虎和蛟龍禍害百姓的事情，周處主動去殺死白額虎，又下河斬殺蛟龍。蛟龍在水裏有時浮起、有時沉沒，周處與蛟龍一起浮沉了幾十里遠。經過三天三夜，周處最終殺死蛟龍後上了岸。周處發現當地的百姓都認為自己已經死了，三害滅絕，互相慶祝。周處羞憤悔恨，想要自殺。這時老人阻止並激勵他開始新生活。作為屠蛟英雄和回頭浪子的周處，洗心革面，成為一個對百姓有用的人。

《呂氏春秋》講述了一位壯士殺死兩條蛟龍的故事：

> 荊有次非者，得寶劍於幹遂。還反涉江，至於中流，有兩蛟夾繞其船。次非謂舟人曰：「子嘗見兩蛟繞船能活者乎？」船人曰：「未之見也。」次非攘臂祛衣，拔寶劍曰：「此江中之腐肉朽骨也！棄劍以全己，余奚愛焉！」於是赴江刺蛟，殺之而復上船。舟中之人皆得活。[12]

在上面的故事裏，中國龍的同宗性特徵已蕩然無存：我們的英雄

11 顧希佳：《龍的傳說》（北京市：中國民間文藝出版社，1986年），頁11-16。
12 參閱《呂氏春秋·恃君覽·長利》，卷二十，260。

叫它「腐肉朽骨」。說故事的人沒有把龍當成一種神秘的動物。根據
《斯蒂斯・湯普森母題 300》，這個故事具有典型的民間故事的特
徵。中國屠龍故事中那個一心想要把龍這個外來動物趕出人間的次
非，與西方故事中的馬杜克、赫拉克勒斯、阿波羅、齊格弗裏德、聖
迦勒、聖喬治、貝奧武夫，亞瑟和特里斯坦如出一轍。這則故事是在
戰國（公元前 475—公前 221）末期被記錄和整理出來的，也是中國
第一個關於屠龍者的傳說。從周處傳說產生之後的幾百年裏，中國文
化在佛教文化的廣泛滲透下，民間故事中龍的異己形象最終形成，成
為同神話中的龍並存的另一龍形象。

　　變文是一種興起於唐朝的早期文學敘事方式，變文多用韻文和散
文交錯組成，可以朗誦和吟唱，變文主要以佛教經典為題材。佛教經
典通過變文形式廣為百姓接受，極大地影響了中國民間故事。值得注
意的是，作為中國民間傳說中龍的重要類型，佛家的龍往往被打上異
己的印記；這與中國神話中龍所帶有的同宗性特徵大相徑庭。佛教中
的龍與神話中的龍不同，但卻與西方類似貝奧武夫中的龍相近。從下
面列舉的敦煌變文中，我們可以清楚地看到，佛經中的龍與火緊密相
連，同水毫無關聯：

　　　（六師）不忿欺屈，忽然化出毒龍，口吐煙雲，昏天翳日，揚
　　　眉眴目，震地雷鳴，閃電乍暗乍明，祥雲或舒或卷。驚惶四
　　　眾，恐動平人，舉國見之，怪其靈異。（摘自《舍利弗》，是完
　　　成於公元 8 世紀的敦煌變文，梅維恒譯）[13]

　　在一個漢化佛經讀本《洛陽伽藍記》中，有這樣的記載：

---

13 Victor H Mair, Tun-huang Popular Narratives, Cambridge: Cambridge University Press,
　　1983, 79-80.

「西行六日，登嶺。復西行三日，至缽盂城，三日，至不可依
山，其處甚寒，冬夏積雪。山中有池，毒龍居之。昔有商人止
宿池側，值龍忿怒，咒煞商人。」[14]

在佛教徒看來，龍的數量就像深海裏的魚一樣數不勝數。他們也
有四海龍王。龍在佛教中原本是蛇神；然而，當佛教傳到中國後，這
些蛇神開始同中國早期的龍信仰相互疊加，後來逐漸融合。例如民間
關於毒龍——阿耨達湖龍太子故事的形成就深受佛教思想的影響，
類似的例子還有藍蓮花龍的故事。在中國民間故事中，那些直接從印
度教舶來的龍形象，尤其是那伽，都是邪惡精神的代表。相比之下，
傳統民間信仰和傳奇裏龍王的形象要好得多，故事的結構他們有時
友善，有時淘氣——在中國這個酷愛龍的國家，這大概是一種折中
吧。[15]

中國版本的印度屠龍英雄因陀羅就是哪吒。中國的哪吒和印度的
因陀羅不僅發音相近而且英雄事蹟也相同。哪吒的故事出現在下列極
富中國民間文化氣息的著作中：《三教搜神大全》（第七回），《封神演
義》（第十二回至第十七回），《西遊記》（第八回），《五燈會元》（第
二回）。據說，哪吒是一個早熟的孩子，他出生僅三天後就擒住了
龍，並威脅要抽龍筋。和因陀羅一樣，哪吒是一切邪惡無情的惡魔的
敵人。他有印度神的典型外觀——三頭六臂。哪吒的嗓音如雷，驚天
動地，且能吞雲吐霧。他的項圈叫做「乾坤圈」。這個項圈和他父親
李靖的寶塔都是威名遠揚的武器。哪吒死後的靈魂落在蓮藕和荷葉
上，直到復活。

---

14 參閱《廣博物志》。
15 有關中國化的印度龍例子，請參閱《廣博物志》和《太平御覽》。

第五章曾提到過在中國被英雄殺死的龍和人們膜拜的龍在外形上是一模一樣的，只是在不同的語境中有著不同的象徵意義。中國所有的龍在外形上是統一的，而象徵意義是多樣化的，這同西方龍的特點恰好相反。從故事人物的角度而言，中國龍和西方龍都符合民間故事結構的基本規律。也就是說，世界民間故事風格的規律對中國屠龍故事和其它國家的屠龍故事起著相同的作用。

屠龍者故事的結構

20 世紀六七十年代，民間故事結構研究受到弗拉基米爾·普羅普在 1928 年出版的《故事形態學》極大影響。其實早在 60 年代以前，不少推崇故事結構主義分析的學者們已在這方面取得了豐碩的成果。安德列·喬勒斯在他所著的 Einfache Forman 一書中嘗試尋找民間文學表達的基本形式。在飽受爭議的《英雄》（1936）中，拉格蘭勳爵詳盡闡述了經典英雄故事和神話英雄故事在情節組合上的基本框架。在民間故事結構研究領域集大成者當屬俄羅斯形式主義學家普羅普。他最重要的學術貢獻就是指出民間故事雖內容千差萬別，但它們在結構上是類似的。就如我們可以用同一個語法結構造出無數內容各異的句子一樣，民間故事的結構是固定不變的，內容是多種多樣的。普羅普認為阿爾奈的人物分類法具有誤導性，原因在於民間故事中同樣的事情可能由不同的角色來扮演，比如食人魔在不同的民間故事中就可能表現為龍、魔鬼或是巨人。如果不同的人物或是事件有同樣的結果，普羅普就把它們稱為變體。比如，戰鬥中獲勝、比賽中勝出、不戰而贏殺死敵人、打贏紙牌、將敵人驅逐出境等都是同一要素「戰勝惡魔」的變體。

普羅普關注的是故事的結構要素及組合規律。他的理論同當代的

「整體大於部分」的方法論是一致的。普羅普的變體理論反映了本世紀盛行的將多樣性統一為同一性的主張。在這一思想的指導下，普羅普指出所有的民間故事都起源於屠龍故事。普羅普認為從結構學的角度來看，所有的「奇聞異事」都屬於同一類型，準確地說，那就是屠龍故事這個類型。他很明確地把所有其它的民間故事都歸於是屠龍故事的變體，原因在於屠龍故事出現得最早。[16]普羅普認為，所有民間故事的一個極為重要的作用[17]或是主題便是「缺憾」（表現為「惡魔」），以及隨之而來的「缺憾解除」（表現為「除掉惡魔」）。他認為作為一種類型的傳奇故事，屠龍者故事具有上述民間故事基本主題的所有特質。

英雄和龍的故事恰如其分地體現了民間故事中「缺憾」和「缺憾解除」這個模式。多數西方龍和中國民間故事中的龍，都與混沌初開時強大的原始力量聯繫在一起。這就是惡魔，或者用我們的術語來說，就是異己性。龍引發同宗元素的缺失，例如：公主（帕爾修斯和安德洛美達的故事），珍寶（貝奧武夫的故事），善水（印度因陀羅的故事），或是鹽（中國民間故事中「打龍王」的故事）。[18]

故事中的主人公（年輕人，通常在家裏排行老三）為瞭解除異己性的因素而被賦予各種各樣的任務，比如長途跋涉去屠龍。他真正的動機並不在珠寶、王位或是美女的身上，而在於屠龍，也就是清除異己勢力本身。只有那些次要人物，比如說主人公的哥哥或是叛徒，看到滿是金子的山洞才會兩眼放光，忘乎所以。在《括地志》就有一個

---

16 Vladimir J. Propp, Morphology of the Folktale, University of Texas Press, 1968, 49.

17 艾倫‧鄧達斯主張用「母題素」（motifeme）一詞取代普羅普的「功能」（function）一詞。Dundes, "From Etic to Emic Units," Journal of American Folklore, 75 (1962), 101.

18 「打龍王」故事，詳見杭州文化局編：《西湖民間故事》（杭州市：浙江人民出版社，1978年），頁97-98。

典型的中國屠龍者──澹檯子羽。有一次，他帶著一塊價值連城的白璧，要從延津渡口渡過黃河。黃河之神河伯妄想從澹檯子羽那裏奪走白璧。當船行到河心時，突然刮起了一陣狂風，浪高波巨，猛地竄出兩條巨大的蛟龍，它們張牙舞爪，一左一右挾持住了澹檯子羽乘坐的木船。此時，澹檯子羽站立在船頭，面無懼色，只見他左手從懷中掏出那塊白璧拿在手裏。說罷，縱身跳入水中，揮舞手中的寶劍，與兩條蛟龍展開了搏鬥並把兩條龍都殺死了。來到岸上，澹檯子羽回過頭來站在岸邊，只見他一揚手，將手中的白璧拋入了濁浪滔滔的黃河之中，輕蔑地說：「貪婪無恥的河神，把白璧拿去吧！」說來真是奇怪，那白璧剛拋入水中就又彈了回來，落在了澹檯子羽的身邊，連拋了三次都是這樣。也許是河伯恥於從勝利者手中要白璧吧。於是，澹檯子羽將白璧砸了個粉碎，然後揚長而去。《武城縣志》中也收錄了唐代文學家白行簡寫的一篇《澹臺滅明斬龍毀璧賦》，大意相同：「子羽南渡河，齎千金之璧至陽侯。波起，兩蛟挾船，子羽曰：吾可以義求，不可以威劫，乃左操璧右操劍擊蛟，皆死，即渡河，三投璧於河，河伯躍而歸之。子羽毀而去。」從這個故事中我們可以看出，屠龍英雄關注的是屠龍，或者可以說是解除「缺憾」的這個過程，而不是真正的「缺憾」。像在龍阻止下雨，或是囚禁美麗的公主這樣的故事中，「缺憾」很明顯，但有時候，傳說故事裏的「缺憾」並不是那麼明顯。屠龍故事的生命力在於龍外形的荒誕和異己性的象徵意義。吸引英雄的是屠龍這件事本身，或者龍可能會給人類帶來的不利。屠龍英雄和龍的鮮明的對照使得屠龍故事成為所有民間故事主題的典型代表。

　　無論是哪個國家何種起源的民間故事，都青睞極端，尤其是形成鮮明對比的極端。裏面的人物要麼極端美麗善良，要麼極端醜陋邪惡。民間故事再誇張、再失實都不為過。對比越強烈，故事就越容易被理解，聽眾更能感同身受。屠龍者故事將內外分得格外清楚。「我

們」的王子英俊瀟灑，英勇無比。「他們」的龍是極端醜惡的化身，碩大又危險無比，令人望而生怯——上天下地無所不能。龍不僅在空間上被極端化，在時間上也被極端化。中國民間故事中的龍可能一直活到 9,000 歲才有英雄向它發出挑戰。但是只要英雄下定決心鼓足勇氣去屠龍，龍的歲數再大都不是英雄的對手。

屠龍故事的最後結局確定無疑都是「缺憾」的解除，這給所有民間故事的風格定下了一個主基調。這種風格的格式化的形成不是因為說故事的人敘事能力欠缺，而是因為這個故事線索有著強大的塑造能力。通過內部和外部的對比，龍，還有與龍在故事中充當同樣角色的其它動物，滲透到民間故事的一切結構要素中並把它們固定下來。大概這就是從結構學的角度來看，為什麼所有的民間故事都屬於同一種類型的奇聞異事；這種奇聞異事最典型的代表是屠龍故事；所有其它的民間故事都是這一故事的變體。此外，從屠龍者身上我們可以看到，在面臨外界和自身挑戰時，人們會擔心能力和勇氣不夠而產生不安全感。人們突然置身於苦難和貧困中，被迫要承受困難、誤會和仇恨。然而，雖處於敵對力量的包圍中，人並不是完全無能為力的。人們可以站起來成為勇敢的屠龍戰士，消滅一切苦難和貧困。這樣一來，他們便可以把自己從過去惱人的日常生活中解救出來，過上了真正有意義的生活，

屠龍者大都是孤獨的人。他們跋涉在荒無人煙的土地上，只同鳥和動物說話。他們對所有自己周圍的和對手周圍的人都不信任，無論陌生人還是兄弟姐妹。有時候會有人給他們提些建議或是信息。這些幫助他們的人通常都是老人或者隱士（無攻擊性的人），而且他們在幫忙完了後會立馬消失（不會居功邀賞）。屠龍者忙著衝破種種像大山和河流這樣的大自然障礙，所以他們通常沒有時間欣賞大自然的美景。屠龍者之所以能戰勝惡龍，原因在於他們身上的個人英雄主義魅

力，還有他們征服自然的決心。因此屠龍者故事不僅為民間故事提供結構上的模式，還是一個具有社會意義和心理學意義的主題。

　　與民間故事中的龍不同，中國神話中的龍不是故事的對象而是故事的主題。中國神話中的龍和民間故事中的龍身上體現的是完全對立的主題，分別是確認權力和反抗壓迫、對集體智慧的尊重和對個人英雄主義的推崇、人與自然的和諧同人與自然的衝突。

屠龍與人的「自我衝突」

　　人們對英雄的崇拜不僅是源於英雄能拯救他們於水火，還在於英雄身上所具有的令人欽佩的美德。這些美德是從久遠的古代就約定俗成的，人們不斷地創造新故事來弘揚這些美德，反覆強調它們的重要性，並把它們一代一代地傳承下去。其實除了外部的敵人，每個人都是自己的敵人；人最難戰勝的就是自己。人最基本的任務就是戰勝自己。現代心理學理論把人的潛在意識看作是某種動物，比如說龍。潛意識有可能會將我們吞噬，但另一方面，通過與潛意識作鬥爭，我們能達到自我的統一性。席勒所提到的與龍作戰，指的就是人同自己的潛意識作鬥爭。民間故事中，屠龍者通過屠龍成功實現了他們的抱負：同美麗的少女結婚便是對他們勝利的獎賞。這裏同美麗少女結婚並不是為了拯救少女，而是暗喻人在潛意識中達到了靈魂的同一——人戰勝了心中反覆出現的隱形恐懼，這些恐懼一開始看上去似乎很恐怖、難以控制、令人厭惡。與龍相對比的是美麗的少女，她象徵的是人的靈魂中美好的積極向上的部分。

　　以榮格為代表的心理分析學派認為民間故事研究最重大的發現在於屠龍故事的心理學意義。以下是榮格寫給朋友的一封短信，是龍學研究的經典之作。

1948 年 1 月

親愛的艾穆司圖茨牧師：

非常感謝您寄給我的這個有趣的圖片。聖喬治的下半部分是一條龍。這是個多麼不尋常的圖片啊。似乎人意識到了人的下半部分是條龍，事實也確是如此。這個圖片可以用來表示人的自我衝突——英雄和龍實際上是一體的。這個論斷可以從神話學上找到論據，從比較宗教學的角度來看，這個觀點將對其它領域的研究產生廣泛的影響。

不勝感謝！

卡爾·榮格

3 月 20 號[19]

在這裏，榮格把屠龍者和龍看成了一個統一體，象徵個體的內在衝突。的確，英雄和龍是統一的。在美索不達米亞創世史詩《埃努瑪——埃利什》中，恩利勒的敵人是龍帝提亞瑪特。恩利勒劈開提亞瑪特的頭蓋骨，把提亞瑪特的身體一分為二。提亞瑪特一邊的身體被用來造天；另一邊的身體造地，恩利勒在上面建了自己的宮殿。阿波羅的敵人是巨蟒，他只有殺死巨蟒才能建立他自己的寺廟和德爾菲的神諭。巨蟒的死亡，以及寺廟的建立，讓阿波羅找到了身份的同一性。無數圖畫中，阿波羅和巨蟒是一個不可分割的整體。在德國神話中，齊格弗裏德因在龍血中洗澡才變得刀槍不入，喝了龍血後便能聽懂鳥說話——象徵著征服自然。在很多文化的神話中，主人公吃了龍心或是喝了龍血就會變得英勇無比，殺了龍，他們的眼睛就會變得敏銳無邊。[20]中國有個名為「運河」的民間故事，故事中的主人公紅蓮

---

19 Carl G. Jung, Letters, Book One, New Haven, Princeton University Press, 1975, 489.

20 Cavendish, 1983, 693.

從龍手中奪取了一顆珍珠。她吞下珍珠後，自己就變成了一條龍。[21]

　　屠龍者和龍之間形成一種具有象徵意義的對比關係，象徵著人的同宗性和異己性的統一。大部分人一般都很難意識到自己性格中的異己性因素，或者說是消極因素。精神分析學家對以龍為代表的異己因素有著各種各樣的理解。比如，佛洛德就認為龍象徵著母親對兒子的控制。屠龍者，無論是在故事中還是在夢境中，會期望通過取得某種成就，來打破母子關係對自己心理上的束縛。為了能作為一個成人同母親對話——事實上是同整個世界對話——他必須要去屠龍。當然把龍的象徵意義僅從戀母情結的角度來加以詮釋未免過於狹隘。我們完全可以說龍象徵個人心理成長過程中的諸多壓抑性因素。英雄戰士屠龍這個主題有典型的象徵意義，代表的是自我對壓抑性傾向的勝利。屠龍者清楚他們可以從外在的消極因素中汲取力量，不斷成長。這樣看來，對同宗性——異己性的區分不僅讓我們看到了集體歸屬感的重要意義，而且讓我們看到了個人的自我認知感的意義，換句話說，就是把我們的研究從社會學擴展到了心理學。

---

21 祁連休編：《中國民間故事選：風物傳說》，北京：少年兒童出版社，1983，39-45。

第七章
龍是什麼？

　　本書前幾章中提到過，龍形象既有積極的象徵意義也有消極的象徵意義，有時候也會是魔鬼和大災難的象徵。龍究竟是什麼？是動物學上存在的動物？是心理原型還是思想像徵？人們為什麼會相信龍真實存在？為什麼會遺傳這樣的心理原型？為什麼會創造這樣的象徵？本章將從動物學、心理學和思想意識三個角度探討龍形象存在的理由。

龍是真實存在的動物

　　龍學研究分兩大陣營，分別是「動物法」和「象徵法」。[1]以王充、何新、林德賽勳爵、瓦爾特司各特和格林丹尼爾為代表的第一陣營的學者認為龍是實際存在的動物，而非人類臆想的產物。第二陣營，以艾略特‧史密斯、約瑟夫‧方廷羅斯（Joseph Fontenrose）、約翰戴、聞一多和袁珂為代表，認為龍只是象徵符號，而不是一個真正意義上的有機體，無論其起源是否可知。

　　目前「象徵法」是龍學研究的主流。「動物法」派的學者們堅持認為龍是真實存在的動物，龍傳奇講述的是真事。他們認為遠古時代的龍屬於爬行動物，龍因形狀極其巨大，其它一切動物，包括人，都容易成為它獵殺或是荼毒的對象。

---

[1] 霍利德認為龍學研究分為「理論——積極法」和「理論——消極法」兩種，參見 Holiday, 1973, 80-81.

　　在我看來，利維坦是個神話中的虛無的形象，現實中不存在。然而，相當一部分「動物學」派的學者認為利維坦是一種類似鱷魚的自然動物。這種觀點從 1663 年博恰特的 Hierozoicon，2 卷，769-96，一書發表後得到了相當程度的認可。接受利維坦是鱷魚這一觀點的學者還有祁慶富[2]，布德（K.Budde）[3]、杜姆（B.Duhm）[4]、戴沃（S.R. Driver）、格雷（G. B. Gray）[5]、多姆（E. Dhorme）[6]、弗納（G. Fohrer）[7]、羅利（H. H. Rowley）[8]和格迪斯（R. Gordis）。[9]在中世紀，猛獸——龍似乎和大象、鱷魚一樣是真實存在的；鬥龍和屠龍是諸多英雄、聖人還有神的不可或缺的功績，所以儘管誰也沒見過龍，許多人仍然會說他們見到過龍。英國編年體史書《溫徹斯特年報》的記載似乎證實了英格蘭人民曾飽受龍害：「1177 年，英格蘭地區有很多龍」；「1274 年，一隻狂躁的龍嚇壞了英格蘭人。」在英國，這樣對看到龍的歷史記載還有 40 多個，許多故事還講到人與龍的搏鬥；在林登，據說有人將帶著泥炭火球的長矛刺入龍的喉嚨，殺死了它；在紐約附近的那寧頓，一個全副武裝的騎士在一條忠狗的幫助下，殺死了一條具有自我修複本領的龍。[10]

2　祁慶富：《養鱷與秦龍》，選自《博物》，1981年第2期。

3　K. Budde, Das Buch Hiob, Gottingen, 1896.246 ff.

4　B. Buhm, Das Buch Hiob, Freiburg, 1897, 195.

5　S. R. Driver and G. B. Gray, A Critical and Exegetical Commentary on the Book of Job, Edinburgh, 1921, 359 ff.

6　E. Dhorme, Le livre de job, Paris, 1926, 570 ff.

7　G. Fohere, Das Buch Hiob, Gutersloh, 1963, 525-31.

8　H. H. Rowley, Job, London, 1970, 333.

9　R. Gordis, The Book of Job, New York, 1978, 569-72. 達艾提供了大量的觀點反對這種生物馴化，參見Day, 1985, 62-87.

10　Bradford Broughton, Dictionary of Medieval Knighthood and Chivalry: People, Places, and Events, Westport: Greenwood Press, 1988, 186.

　　赫爾曼・梅爾維爾應該是贊同「動物法」的，因為在他的筆下，聖喬治屠死的龍就是鯨。他認為：「總之，記住所有這些事實，就不會總跟神話和類似古老場景產生矛盾了，而且可以認為，這種所謂龍的東西，不外乎就是大鯨罷了。」以下有趣的章節摘自《白鯨》第82章：

　　「類似於柏修斯和安德洛美達的險遇的……有人的確認為是間接由它而來的……就是聖喬治和大龍的著名故事（聖喬治……英國守護神，相傳他在殺死一條大龍後，就傾其所有救濟窮人，出去傳道了）；這條龍，我卻認為就是大鯨；因為在許多古代史中，都奇怪地把鯨和龍混淆一起，而且往往互為頂替。」「你如同江河的獅子，也如同海裏的龍，」《以西結》（以西結是希伯來的預言家，見《舊約・以西結書》第三十二章二節）說，這就是明顯指著大鯨。事實上，有若干《聖經》的譯文就直接用鯨這個詞。此外，如果聖喬治只是在陸地上打死一隻爬行動物，而不是跟那海裏的巨獸戰鬥過的話，那他的輝煌偉績一定大為減色。任何人都會打死一條蛇，可是，能夠鼓起勇氣，勇往直前地沖向大鯨的，卻只有柏修斯、聖喬治和科芬。

　　我們可別上那些描繪著類似場景的現代繪畫的當；因為儘管那個古代驍勇的捕鯨人所攻擊的動物給含糊地畫成一種半鷹半鷲似的怪獸，儘管戰鬥的場面給畫在陸地上，那個聖者騎在馬背上，然而，鑒於當時是個十分愚昧的時代，藝術家們對於大鯨的真實形象，一無所知；鑒於柏修斯也是這種情況，聖喬治的那只大鯨，說不定就是從海裏爬到海灘上來的；鑒於聖喬治所騎的那種野獸，也許不過是只大海豹，或者是只海馬；總之，記住所有這些事實，就不會總跟神話和類似古老場景產生矛盾了，而且可以認為，這種所謂龍的東西，不外乎就是大鯨罷了。[11]

11　Herman Melville, Moby Dick, Berkeley: University of California Press, 1979, 372.

　　我們都知道《白鯨》是一本充滿象徵意義的書。然而與此同時，
《白鯨》也是關於捕鯨的一個寫實的故事，是介紹捕鯨業最好的小
說。《白鯨》為讀者再現了捕鯨活動的史實，一系列對鯨的稱呼和描
述引人入勝，讓讀者大開眼界。梅爾維爾既創造了一個自然世界又創
造了一個象徵世界；一方面，把白鯨稱作龍，梅爾維爾有意淡化這兩
個世界的界限。另一方面，通過拿龍和鯨作對比，他把捕鯨者刻畫成
了西方傳統的大無畏的英雄形象。

　　我認為鯨和龍主要的共同點只有一個——尺寸。藍鯨是世界上最
大和最重的動物，也是迄今為止地球上存在過的最大動物。[12]外形巨
大是鯨的恐怖形象的重要特點，而龍又是世界上最大的怪獸，梅爾維
爾和諸多其它學者從鯨身上看到了龍惡魔形象的影子。鯨一般不傷
人，[13]鯨有很多怪癖，如同《約拿》中的吞噬者一般。《白鯨》中的鯨
不僅碩大無比，而且有些畸形，還患有白化病。也正因如此，鯨似乎
很無辜地變成了「邪惡勢力」（梅爾維爾語）的化身。

　　龍的自然化和史實化在東方也十分常見。中國史書上有很多關於
龍的記載。一旦真龍在某地出現，這便是祥瑞的象徵，因而某些皇帝
將自己統治下某些階段的年號命名為「龍」。除神話、傳奇、民間故
事中有龍外，中國還有大量「史書裏的龍」。[14]《左傳》，著成於春秋
戰國時期，是關於中國歷史的權威性史書，裏面有對馴龍家族的最早
記載。（《左傳·昭公二十七年》）《史記·夏本紀》中也有關於馴龍的
記載：劉累師從豢龍師學習御龍術。

---

12 最大的藍鯨長達110英尺2.5英寸。Alan Russell, ed., Guinness Book of World Records,
　　New York: Bantam Books, 1988, 46.

13 大鯨通常不傷人，小鯨常是食肉性的。食人鯨則會吃人。

14 對於龍的「歷史記錄」，參見《古今圖書集成·神異典·神龍部》；《太平御覽·鱗
　　介部·龍上》；《藝文類聚·祥瑞部·龍》；《初學記·鱗介部》；《廣博物志》。

　　王充（公元 27-約 97 年）是中國古代著名的哲學家，他提倡本著批判精神、懷疑精神和自然主義精神用「科學的方法」做龍學研究。他在《論衡》一書中寫道：龍、馬和牛屬於同類。雖身為漢朝子民，他對漢高祖生來就是龍這種官方傳說並不認同。他認為，同類的雄性和雌性相遇，性欲望會驅使它們結合，使雌性受孕。人龍不同類，所以龍不可能使人受孕。在王充看來，龍這種怪獸與蛇本質相同，唯一不同在於二者食性不同。[15]

　　在研究這些歷史記載的基礎上，徐堅在《初學記》中總結道：「在古代，正因為人們馴龍，所以才會出現叫豢龍和御龍這樣的家族。[16]現代學者祁慶富在《養鱷與豢龍》[17]一文中指出，古代馴龍者其實是養鱷魚的。然而，中國龍的外形是在蛇的基礎上不斷演化形成的，並非鱷魚，此觀點著實有待考量。[18]

龍是心理原型

　　我認為「動物法」和「象徵法」並不矛盾，二者互為補充。正如「象徵法」所認為的，作為文學和藝術形象，龍更多的是一個象徵而非事實存在。但不能否認的是，這種象徵意義是在人類實踐基礎上形成的。遠古時代，人類祖先散落分佈在地球各地，那時候遍地都是危險的爬行動物。幾百年的生存鬥爭賦予了類人猿和人類一種對爬行動物本能的敬畏和膜拜心理。在一定程度上，龍傳說、龍傳奇和龍的民

---

15 參見王充，《論衡·道虛篇》。

16 參見《初學記·鱗介部·龍》。

17 《博物》，1982年第2期。

18 鱷魚是西方龍常見的模型之一。埃及人把尼羅河裏的鱷魚看作是身披金銀珠寶的龍，並在寺廟中供奉鱷魚。

間故事，甚至是「事實上的」龍都是在這種遺傳本能的驅使下形成的。我認為龍形象是在人類祖先徹底戰勝爬行動物以後形成的，龍並非真實存在，但卻體現出人類對征服爬行動物這段早期歷史的懷舊心理，這是我的主張和「動物法」理論的不同之處。屠龍英雄的故事標誌著人類對自然世界的最早期的勝利，標誌著我們哺乳類祖先對爬行類動物幾百萬年鬥爭的勝利。自然界在一開始看上去是那樣的冷酷無情又生機勃勃，曾一度差點將人類吞噬。因而我們不妨可以這樣說：龍形象是人類為紀念 6,500 萬年前哺乳動物和爬行動物的戰爭而建立的紀念碑。

話說回來，我對「象徵法」理論也並非完全贊同。單純的「象徵法」研究忽略了孕育龍形象產生的人類環境。再者，為什麼古人有時會用一些他們並不熟悉的動物來替代龍？「象徵法」研究也未能對此做出合理的解釋。認識到了「象徵法」的不足可以幫助我們更好地從史前和遺傳兩個角度理解龍形象存在的理由。

佛洛德在古代人和現代人對比方面做了大量的工作。他的研究成果對幫助我們理解為什麼用龍作為象徵大有裨益。龍的外形和象徵意義都與原始人的思想有著不可分割的聯繫。龍形象符合佛洛德「原始遺留」的特徵，「原始遺留」指的是從遠古時代就儲存在人類大腦中的有意識的形象。從「原始遺留」這個術語來看，佛洛德理論認為龍是人類以書面或口頭形式從先代那裏繼承下來的有意識的思想。

榮格對此有不同看法。榮格認為龍形象並非「原始遺留」，而應該是人類無意識思想的產物。佛洛德用「原始遺留」來解釋龍，這在榮格看來是不合理的。榮格認為象徵和意象是無意識思想的必不可缺的組成部分，它們在人腦中廣泛存在──不管這個人是否受過教育。根據榮格的觀點，龍直到現在仍存在於我們的「潛意識」中，代表著「消極的母親形象」，反對或是害怕人類亂倫。因此，龍對財富的守

衛可以看出是母親對兒子的捍衛與佔有。人最難得到的珠寶藏在潛意識中。

　　佛洛德和榮格以及他們的追隨者，無一例外，都認為夢和神話有著緊密的聯繫。在很多情況下，夢和神話這兩個心理分析學術語是可以通用的。所以在他們看來，夢中的龍和神話中的龍有著同樣的隱含意義。但對佛洛德來講，龍存在於人的有意識的思想層面；而榮格認為龍存在於人的無意識中。佛洛德派的龍學家應該是屬於芬蘭學派，芬蘭學派的觀點認為，世界上所有傳說故事裏的龍共有一個祖先，龍起源於一個地方，隨後龍形象作為人有意識的思想呈「波浪式」向全世界擴散。榮格派的龍學家則認為龍形象屬於人無意識層面，不同地區的龍形象各自獨立發展而成。

　　雖然龍在人的有意識思想層面上有著重要的地位，但由於龍所具有的史前性和無意識性，龍屬於無意識象徵這一觀點更具合理性。龍是搭建有意識和無意識的橋樑，人的無意識思想更加簡單、豐富和生動，因而更能直接表達人的情緒和感情。龍的史前性是連接有意識的理性世界和本能世界的紐帶。龍作為有意識的概念，從先前無意識的思想發展而來，這種無意識的思想對有意識的思想產生有著不同程度的影響。壓抑的記憶、想法和感覺是人類無意識裏共有的，這些情緒就演化成了龍——這個全世界國家都共有的形象。無論是龍崇拜也好，還是屠龍也好，都生動地表達和反映了人類的壓抑、希望、欲望和生存體驗。人類在不斷進化的同時還建立起了深層次的精神性傾向，這種傾向具有激發人類想像力的巨大能量。像龍這樣的神話原型就是無意識思想在有意識層面的表達。

　　遠古時代的惡魔、水蛇、滴水獸和龍，是近一二百年來考古學的新發現，在此之前，現代人對此一無所知。人們在神話和民間故事中找不到靈長目動物的影子，也就是人腦中關於靈長類動物的印象並不

是靠祖先通過有意識的思想遺傳下來的。比如，鼠媽媽從沒有「告訴」過鼠寶寶關於貓的故事，但鼠寶寶對貓卻有種與生俱來的恐懼。榮格假設人類生活正是通過這種共同的無意識思想和記憶才得以延續的。人類共同的無意識裏存在的便是早期人類生存環境裏最模糊的印象——對某種爬行動物的驚鴻一瞥，嚇人的蜥蜴和高大的恐龍，還有生活在四五百萬年前的樣子酷似貙貓的豹子。

遠古時代的藝術家可能也嘗試描畫當時的自然景象，但遺憾的是，全世界各地仍有很多現代人無法解釋的岩石雕刻。這些岩石雕刻看上去像是恐龍或是史前爬行動物的原型，但它們究竟是什麼，現代人無從知曉。很多雕刻上的爬行動物很明顯看上去是恐龍或是其它史前爬行動物的樣子，舊石器時代瑪格達林藝術家在法國南部的牆上雕刻的圖畫便是一例。但問題是恐龍這種高達 90 英尺的巨大生物早在人類出現幾百年前的白堊紀時期就已經滅絕了。那麼，這些遠古時代的藝術家又怎麼可能刻出它們的樣子呢？是古人類學和古生物學的理論有誤？是不是恐龍並非早就滅絕了，而是曾和原始人在地球上共存過？

我的回答是，恐龍的確早就滅絕了，但龍卻在某種意義上從未消亡。在迄今為止發現的恐龍化石中，距離人類歷史最近的也要追溯到 600 萬年以前。龍是作為一個象徵而存在的，而恐龍雖是現代娛樂飾品業的寵兒，但它卻從未成為象徵。我們之所以能想像得到龍長什麼樣子，原因就在於我們從祖先那裏遺傳了一種無意識的關於龍形象的記憶，這種龍形象的原型是大型長尾巴的爬行動物或是後來的小型食肉爬行動物。至少我們可以說，像鯨那樣大小的蜥蜴或是 50 英尺高的恐龍等巨型蜥蜴類動物早在幾百萬年前就已經從地球上消失了，但受此類動物化石以及殘骸的啟示，早期人類創造了最早的龍傳說故事。

　　爬行動物是人類最討厭的動物，這是很容易理解的。現代人看到爬行動物就像貓見了老鼠一樣厭惡與恐懼。但鼠不能將有意識的信息或是語言傳給它們的後代。人對爬行動物的厭惡是人類無意識遺產的最重要的一部分。爬行動物形象使人產生了潛意識。所以爬行動物形狀的龍象徵的是人類持續不斷的記憶：喚起我們祖先和自然界抗爭的記憶，自然界曾在人類文明到來前，幾乎將地球上的人類全部吞噬。

　　人類對爬行動物的恐懼並非靠文化傳播，而是靠基因代代遺傳下來。在動物行為研究中，文化傳播指的是語言以及有意識的教育，包括民間故事等。[19]在很長的一段時期裏，地球是爬行動物的天下，而哺乳動物僅是脊椎動物下屬的一小類動物。人似乎對獅子、老虎這些大型哺乳動物有一種本能的喜歡，而對性情溫和不傷人的蜥蜴與蟾蜍，人類卻十分嫌惡。究其原因，可能在於幾百萬年以來，爬行動物一直是原始人類最大的天敵，而其它哺乳動物對人類的威脅則要小得多。[20]如哺乳動物和鳥類能給人類提供食物、交通工具、衣物和庇護等，因而他們在人類無意識的記憶中就被劃歸成了同宗的或是積極的形象。弗萊發現「這些動物都具有一種高傲的美麗：鷹和獅子身上帶有貴族氣質，馬和獵鷹帶有騎士精神，孔雀和天鵝是眾人矚目的焦點，傳說中的火鳥鳳凰富有詩情畫意。」[21]同時弗萊指出，「龍不僅是邪惡的，而且非常巨大，龍代表著惡魔身上所具有的矛盾的特性，以現實中的道德標準判斷，這種特性是對龍的恒久否定，因此，把龍作為「魔鬼意象」是再合適不過的。」[22]但弗萊並沒有指出這種二分法

---

19 也可能是動物之間的相互模仿。

20 所有的恐龍和當時的爬行動物在6,500萬年前滅絕，截止到那時候哺乳動物已在地球上存在了14,500萬年的時間了。

21 Frye, 1957, 153.

22 同上，149。

的理論淵源是什麼。現在我們瞭解龍的原型選擇是爬行動物而不是其它動物或鳥類的心理根源是：人類將爬行動物作為天敵的無意識原型是龍的外形和象徵意義統一的基礎。

我們對龍作為無意識原型的分析不僅適用於具有異己性的西方龍，也同樣適用於具有同宗性的東方龍。上文中已提到過，中國龍的外形是在蛇的基礎上形成的。因而，同西方龍一樣，中國龍也是源於人腦的無意識原型。正是在這種無意識原型的指導下，中國龍被賦予了同宗性和本能的恐怖形象，這點同西方龍的惡魔形象截然相反。中國神話中的龍不僅和藹可親、受人愛戴，而且受到人的敬畏和膜拜——這點在一個強調父權和王權的社會尤為重要。從中國民間寓言故事「葉公好龍」中我們可以清楚地看到中國龍令人敬畏的本性，這個故事出自漢朝劉向的《新序》。

> 「葉公子事好龍，鉤以寫龍，鑿以寫龍，居室雕文以寫龍。於是夫龍聞爾下之，窺頭於牖，施尾於堂。葉公見之，棄而還走，失其魂魄，五色無主。」[23]

從這個故事中可以看出中國人對龍既愛又怕的矛盾態度。

在人的無意識中存在的龍並不是史前爬行動物的全貌，而是對爬行動物的某些外部特徵的恐懼心理。正是在這種心理的影響下，人們創造了龍形象。在上段葉公好龍的寓言中，盤繞的龍尾大概是龍身上最讓人害怕的地方。東方龍的同宗性和西方龍的異己性，這兩種極端態度體現的是人類對大自然共同的心理體驗——那就是恐懼。膜拜和憎惡僅一步之遙。換句話說就是，同樣的無意識原型在有意識層面的

---

23 參見《太平御覽・鱗介部・龍上》。

體現有所不同，東方龍體現為同宗性，受人膜拜，西方龍則體現為異己性，受人憎惡。

　　某些動物和特定的自然現象在人腦中留下了極為深刻的印象。正因為對它們的恐懼，人才會做噩夢。美國人類學家，加利福尼亞大學舍伍德·伯恩教授的一項報告稱狒狒幼崽與生俱來有三種恐懼：害怕跌落，害怕蛇和害怕黑暗。卡爾·薩根認為靈長目動物對黑暗的恐懼是從哺乳動物開始適應白天活動晚上睡覺的生活習慣開始的，這發生在恐龍滅絕以後。[24]

　　我認為人類最常做的噩夢有六種，包括夢到被追趕、跌落、被火燒、溺水、黑暗和蛇。由於對野獸的恐懼和對他人的不信任，害怕被他人或是動物追趕，這種心理既具有自然屬性又同時具有社會屬性。遠古時代，靈長目動物曾先後生活在樹上、草地上和水中，這也就是為什麼人類會怕跌落、火燒和溺水。害怕黑暗的心理同原始人類對食肉動物的恐懼有關，這對我們以視覺為導向的祖先來說尤其恐怖。人類對蛇的恐懼和尊敬與人類早期的生活實踐也有一定的關聯，但並不密切。對爬行動物的恐懼如烏雲般籠罩在尚處於蒙昧狀態的原始人類心中。這種恐懼逐漸演變成了龍敬畏和龍崇拜的情結。正是靠著龍的傳奇故事，人類祖先把他們的無意識思想傳給後人。上述六種恐懼都可以在龍的身上得到體現，因此龍傳奇能讓我們深入其境地體會到原始人的生存環境。需要指出的是，因為對爬行動物的恐懼只是原始人多種生存困境中的一個，因而龍與爬行動物的聯繫也只是龍的其中一個象徵意義。對原始人來說，自然現象是充滿矛盾的、難以理解的、廣泛存在的神秘現象，充滿了敬畏和崇拜，光明和黑暗，善良和邪惡。把龍作為心理原型不僅是對人類與爬行動物關係的具體化，也反映了原始人類對整個大自然的矛盾態度。

24　Carl Sagan, The Dragons of Eden, New York: Ballantine Books, 1977, 146.

早期人類對自然一無所知,他們對大自然萬物都充滿好奇和恐懼。對於他們尚處於混沌的大腦而言,火山噴發、波浪咆哮、冒毒氣的沼澤、洪災、旱災,這一切的一切都讓原始人費解不已。為解決這些疑惑,我們的祖先就需要創造一個綜合性的且內在對立性的象徵來作為膜拜和搏鬥的對象。就這樣,龍形象產生了。我之所以說龍在一定程度上是真實存在的,原因就在於它是自然現實的產物。

也就是說,原始人為了突破自身理解和想像的界限而創造了龍。沒有任何真實存在的動物能像龍這樣擁有如此多的象徵意義。這種外形巨大、無所不能的龍起源於人類實踐。但同時,龍又能幫助人類從自身的束縛中解脫出來。龍的身上有著深深的大自然的烙印。但龍並不僅僅是自然的產物:龍還是文化、社會和思想意識的象徵。接下來,我們就來探討龍的社會屬性。

龍是思想意識的象徵

上述兩小節中,我們分析了龍是真實存在的動物和心理原型。作為一個具有社會意義和歷史意義的存在,龍還有其它方面的意義,它還時常是歷史、文化和思想意識的象徵。本節,我將重點對龍作為思想意識的象徵進行分析。

民俗研究家認為民間傳說和神話都是對過去的記錄,同時也體現了現代人的心聲,這些都是對人們思想意識的反映。對民俗學家來說,龍是對思想意識和政治理念一致的和永恆的反映。從聖經時代開始,歐洲和中東地區的龍就是一種地緣政治的異己形象。利維坦成為與以色列對立的國家的象徵,比如巴比倫、埃及和波斯。[25]把龍看作

---

25 關於龍是以色列敵人的象徵,詳見G.W. Anderson, "Isaiah xxIV-XXVII reconsidered," Supplements to Vetus Testamentum, 9 (1963), 126; Day, 1985, 112.

異己的傳統由來已久。認識到了鬥龍中「自己和對方」的對立，西方傳統的守衛者便把龍看作是異端思想和異端組織，而把他們自己當成了屠龍鬥士。西方龍是不遵守法律和秩序的代表形象，這就解釋了為什麼西方的非法政治組織會被刻畫成製造動亂的類似龍的魔鬼形象。帝國主義、擴張主義，布爾什維克和納粹主義——所有這些主義都被看作是龍。相對應地，被貼上龍形象標籤的人也會爭辯他們是屠龍者，而他們的敵人是龍。比如，意大利民族主義者早期在英格蘭發表的辯解書就取名為「布爾什維克主義——龍」，該組織的主題曲名為「聖喬治——我們的領袖。」

　　弗里德里希·恩格斯很清楚，作為 19 世紀西方社會的異己，馬克思主義會被「西方傳統的辯護者」當作龍。在德語第四版《資本論》的序言中，他通過比較西方龍的惡魔形象和聖喬治的英雄事蹟來諷刺反對馬克思主義的人：

> 這個德國工廠主聯盟的聖喬治這樣擺著架式，這樣挺著劍，進行「巧妙的攻擊」，而惡龍馬克思「很快被打垮」，倒在他的腳下，「在垂死的掙扎中」斷了氣！
>
> 但這種阿里歐斯托式的全部戰鬥描寫，只是為了掩蓋我們這位聖喬治的詭計。他在這裏再也不提什麼「增添」，什麼「偽造」，而只是說「狡猾的斷章取義」了。整個問題完全轉向另一個方面了，至於為什麼要這樣做，聖喬治和他的劍橋的衛士當然非常清楚。[26]

---

26 Frederic Engels, Editor』s Preface to the Fourth German Edition」 of the Capital, by Marx, New York: Modern Library, 1906, 37.

這段話闡明了聖喬治和龍形象的相對性。恩格斯使用反語把馬克思主義比作龍，把它的敵人看作聖喬治，從這裏我們可以清楚地看出，馬克思在西方文明中具有異己性和不相容性。這讓我想到了我在上文提到過的龍代表水和「水利國家」的論斷。根據魏特夫的觀點，水利農業的發展會促成官僚主義的發展；只有這樣，專制政權的統治才能穩固。[27]因具有大規模的水利工程建設和相對穩定的政治統治，馬克思把東方中央集權政府同佛蘭德斯和意大利建立在私有經濟基礎上的「自願組織」區別開來。[28]事實上，比起西方的「資產階級自願組織」，馬克思主義提倡的計劃經濟同東方水利專制社會有更多共同點，前者崇拜聖喬治，而後者以龍自居。恩格斯稱馬克思是一條「火龍」，而把資本主義敵人稱為聖喬治，這並非偶然。

在中國，把龍作為思想意識和政治象徵的現象更為普遍。我在第五章中提到過，中國神話中的龍象徵中國王權、傳統、國家和民族，但不同語境下中國龍又有著各種各樣不同的意義。這一點顯然與西方龍不同，在西方，龍自始至終都是異己或異端的象徵。

從下面列舉的兩首毛澤東寫的詩中，我們可以看到不同的中國龍在思想意識含義上的不同等級。第一首詩中的龍是民間故事中異己的形象，毛澤東藉此表達他對戰勝貌似強大的敵人擁有堅定的決心。

> 天高雲淡，望斷南飛雁。
> 不到長城非好漢，屈指行程二萬。
> 六盤山上高峰，紅旗漫捲西風。

---

27 Wittfogel, 1957, 165.

28 馬克思在《紐約每日論壇》(The New York Daily Tribute)中的文章，1853年6月25日。

今日長纓在手，何時縛住蒼龍？[29]

　　這首詩寫於 1935 年長征勝利前夕。根據人民出版社的解釋，詩中的「蒼龍」指的是日本侵略者。然而，根據羅伯特‧佩恩所著的《毛澤東》一書，毛澤東曾說過詩中的「蒼龍」沒有特定的指示對象。「我指的是一切的惡勢力⋯⋯腐敗的社會制度」。[30]本詩中，「蒼龍」是民間故事中具有異己性的龍。同其它許多早期革命者一樣，詩人把自己想像成了挑戰幾千年傳統的民間故事人物──屠龍者。

　　十四年後，毛澤東率領紅軍解放當時國民黨政府的首都佔領南京，題詩一首：

虎踞龍盤今勝昔，天翻地覆慨而慷。
鍾山風雨起蒼黃，百萬雄師過大江。
宜將勝勇追窮寇，不可沽名學霸王。
天若有情天亦老，人間正道是滄桑。[31]

　　這首詩從民間故事轉為神話風格，毛澤東第一首詩中屬於「他們的」具有異己性的龍，在他的第二首詩中變成了屬於「我們的」具有同宗性的龍，代表著「我們的」勝利、團結、力量、權威和國家。中國古典作家一般將南京比作「臥虎「，而把南京附近的鍾山比作「盤龍」。「臥虎」和「盤龍」的風水極好，因此南京自古被認為是中國最適合定都的城市之一。第一首詩中的屠龍者（縛住蒼龍）

29　毛澤東，「清平樂‧六盤山」，《毛主席詩詞十九首》（北京市：人民文學出版社，1959年）。

30　Robert Payne, Portrait of a Revolutionary: Mao Tse-tung, New York: Abelard-Schuman, 1961, 233.

31　毛澤東，「七律‧人民解放軍佔領南京」（1949年）。

　　在第二首詩中自稱為龍或至少站在龍的一邊（虎踞龍盤），詩人旨在建立一個新的「水利國家」。我在上一章中提到的一個核心觀點是：中國龍外表上具有同質性，但在不同語境下具有不同的意義。在上述兩首詩中，毛澤東並沒有改變龍的樣子，但二者的象徵意義卻有天壤之別。毛澤東放棄民間故事中龍的負面形象，而轉向中國神話中的龍，這一點並不奇怪，因為中國正統文化中，神話中龍的地位遠在民間故事的龍之上。對西方人來說，東方龍僅僅是定型化的一種修飾而已。但對中國人來說，神話中的龍是國家歷史和主流思想意識的化身。在大多數情況下，中國人會把自己認同為龍，而並非屠龍者。這一點尤其適用於從反叛者變為創建者的毛澤東。龍在一個反叛的年輕人眼中的形象，顯然與一個即將成為整個國家領導人的成年人眼中的形象不同。

　　上文中，已提到過一些中國人把自己認同為龍的例子。下面我們就來看一下西方人是如何把自己認同為聖喬治的。梅爾維爾認為自己是名副其實的屠龍者。在《白鯨》82 章中，他對「捕鯨者」和屠龍者作了一下對比：

> 事實上，把這整個傳說放在千真萬確而透徹的事實面前，就會成為那種叫作半人半魚的神，像非利士人（居住在巴勒斯坦西南岸的古代居民，是猶太人的強敵。這裏所提事實，參閱《舊約·士師記》第十六章二十三節及《撒母耳記上》第五章二至五節）的魚、人、鳥的偶像那樣的東西了，這種神一豎在以色列人的方舟前面，它那馬頭和兩隻手掌就會掉下來，只剩下一個殘肢，或者是半個魚身了。那麼，這樣說來，哪怕是個捕鯨人，我們自己的高貴的標誌之一就是英國的守護神了；而且，我們這些南塔開特的標槍手，理所當然地應該列入最高貴的聖

喬治團裏。因此，得請屬於這個榮譽集團的騎士們（我敢說，
他們中間，決沒有一個像他們的偉大的守護神那樣曾經碰到過
大鯨），得請他們別再瞧不起南塔開特人，儘管我們穿的是羊
毛衫和黑褲子，我們實在比他們更有獲得佩戴聖喬治章的資
格。[32]

　　從狹義上來講，這些話表達的是叉魚手對同類的感情，這種感情
從群體歸屬感發展而來，並用來捍衛和加強這種群體感情。一個群體
界限越明確，或人數越少，那他們的同宗性特徵就越明顯：捕鯨者屬
於一個小型而獨特的群體，這個群體需要英雄主義精神來說明他們克
服巨大的困難。很自然地，這個集體會有很強的同宗意識。廣義上來
說，聖喬治代表的是西方個人英雄主義精神和進取精神。通過對比現
代捕鯨者和聖喬治，梅爾維爾把現代個人主義、創造主義和競爭主義
精神帶進了以聖喬治為代表的基督教和希臘羅馬式傳統。

　　中國人將自己認同為與自己同宗的龍，西方人則賦予自己剷除異
己的龍的重任，他們以作為屠龍者為榮。恩格斯稱馬克思為龍，把馬
克思的敵人稱為屠龍者，這是對西方傳統的蓄意的反叛。與此類似，
毛澤東在青年時期也曾反抗中國傳統，把自己當成屠龍者，而把敵人
當成龍。雖然兩人是傳統思想的反叛者，但二者的不同之處在於，聖
喬治是西方思想的靈魂，而龍則是東方思想的靈魂。

　　下面這段盪氣迴腸的史實便反映出東西方人對龍的不同認知，一
個認為自己是龍，而另一個以屠龍者自居。鴉片戰爭（1840-1842）
標誌著中國近代史的開端，自此，歐洲列強開始染指這片龍的土地。
英國政府一直都想中國政府取消對英貿易的限制；中國的禁煙運動成

---

32 Melville, 1979, 373.

了英國發動戰爭的藉口。英國主動挑起戰爭並獲勝，印有聖喬治的英國國旗開始飄揚在香港的上空。而當時中國清政府的龍旗則被踩在腳下。從鴉片戰爭開始，中國開始淪為半殖民地國家。需要指出的是，英國國旗中帶白邊的紅色正十字代表英格蘭守護神聖喬治，一個英勇的屠龍鬥士。我在第六章提到過，1606 年 4 月 12 日，英格蘭國王詹姆士一世宣佈「在國會的建議下，我們根據紋章局規定的統一形式特頒佈如下命令：從今以後（1606 年 4 月 12 日），大英帝國及其海島與所有成員國均須在主桅樓升起紅十字旗，我們也稱其為聖喬治十字，同時還要升起白十字旗，我們稱其為聖安德魯十字，兩者須同時使用。」[33]

聖喬治是個典型的歐洲英雄。印有聖喬治的國旗佔領中國土地，這個場景是十分發人深思的。我們可以把英國國旗看作是歐洲侵略主義、自由競爭主義、個人英雄主義和開拓精神的象徵，與此相對，龍旗也許可以說代表著封建中國的保守主義、集體服從主義、中央集權的水利國家和排外主義。不過，我們更應該把龍旗看作中國古老傳統和中華民族生生不息的豪邁精神。在聖喬治的衝擊下，龍雖然身負重傷，但它卻沒有死。龍的精神有一天會再次光芒四射，以一種新的形式騰空而起再創輝煌。果然，時隔一百年，香港回歸中國。1997 年 7 月 1 日，我本人在香港總督府前親眼目睹英國國旗落下，中國國國旗升起。

小結

通過探究神話思維的本質，弗朗茨·博厄斯總結稱，「根本性的

---

33 Whitney Smith, 1975, 185.

問題」在於瞭解為什麼「人在故事中喜歡加入一些動物、天神、和其它擬人化的自然現象。」[34]為解決這一問題，克勞德・列維斯特勞斯表示，人類信念和自然領域的聯繫有益於實現人類社會和大自然的統一。[35]當大自然與人類社會陡然間充滿神奇——神秘、恐怖、極具挑戰性而又彼此相互關聯的種種現象——人們就創造出了龍這個形象，以幫助自然和人類社會統一成為一個整體，並象徵著希望、恐懼和崇拜的結合。

　　本章中，我從動物學、心理學和思想意識三個角度對龍的形象進行了分析。龍從來沒有真正地存在過，但無論是現實中的還是虛幻中的動物，龍所具有的象徵本性使它比任何動物都顯得重要。我認為龍具有無限複雜的象徵意義，體現著外形的矛盾性、內心的抱負和思想意識的特點，這些因素存在於自然、人類社會和個人性格各個層面。沒有哪個象徵物如龍這般具有如此鮮明的對立性：對一些人來說，他是一個人類必須戰勝的恒久障礙，是混亂世界的化身。西方龍在外形上多種多樣，但內在象徵意義是一致的；而在東方，龍的樣子是統一的標準化的，但象徵意義多種多樣。為什麼全世界的傳說故事中都有龍，心理學家、政治家、人類學家會各自給出他們不同的解釋。

　　有些人可能會認為神話、傳奇和民間故事中的善與惡有著明確的界限，典型的故事就是英雄鬥惡魔。但事實上，關於龍的故事中也有很多灰色的中間地帶，全世界皆是如此。有的龍神話中，英雄和惡魔很難區分；有時候，一種文化中的英雄會變成另一種文化中的惡魔。龍既有同宗性又有異己性，給人類帶來幸福的同時也給人類帶來災難。這兩種特徵雖是對立的，但經常是相互交融的。況且，在不同的

---

34 Franz Boas, "Mythology and Folk-Tales of North American Indians," reprinted in Race, Language and Culture, New York, 1940, 490.

35 Claude Levi-Strauss, The Savage Mind, Chicago: University of Chicago Press, 1962, 135.

文化和體裁中，同樣的龍形象也可能會代表相反的意義。龍形象突破了人類和自然世界的限制，其特點和性質反映著不同文化所具有的千變萬化的困擾、嗜好和理想，過去如此，將來亦是如此。

第八章
東西方關於龍的記載和研究

西方關於龍的記載和研究

　　西方最早對龍的神話進行文字記載的是蘇美爾人，他們發明了人類最早的象形文字——楔形文字，蘇美爾文明後來被閃米特人建立的巴比倫所替代。在蘇美爾神話中，蘇美爾神尼努爾塔打敗了外形酷似龍的惡魔安祖。中東的許多民族都有類似的神話，比如阿卡得人、亞述人、赫梯人和古埃及人。在這些不同的版本中，龍被賦予了各種各樣不同的名字，像提亞瑪特（海龍）、拉布（海龍）、祖（鳥龍）、穆什胡什（火龍）和賽特（水神）等。

　　蘇美爾人對龍的觀念後來為猶太教和基督教所繼承。同基督教中的龍一樣，據說猶太教中的龍也是被耶和華打敗的（《以賽亞書》51：9），耶和華還把龍的頭碾碎扔到了海裏（《詩篇》74：13）。《聖經》[1]中的龍被稱為龍族（見《啟示錄》）、單寧（海蛇）、塔諾斯（咆哮者）、坦尼尼姆（咆哮者）。《詹姆斯國王欽定版聖經》中出現龍的章節有：

　　《申命記》32：33
　　《以西結書》29：3，32：2
　　《耶利米書》14：6，51：34
　　《約伯記》30：29

1　The Holy Bible, authorized (King James) version, Chicago: The Gideons, 1964.

《以賽亞書》13：22，27：1，34：13，35：7，43：20，51：9

《彌迦書》1：8

《詩篇》44：19，74：13，91：13，148：7

《啟示錄》12：3-4，12：7，12：9，12：13，12：16-17，13：
2，13：4，13：11，16：13，20：21

正如我在前文中曾提到過的那樣，原始的像喇合、利維坦和龍這
樣的惡魔可能都是指的同樣一種動物。上面例子中的各種動物都代表
龍。老版的欽定聖經裏將龍族、單寧、坦尼尼姆、塔諾斯都譯為了龍。

在希臘神話中，堤豐是一條象徵「暴風和火山噴發」的龍。除了
具備傳統龍的特點外，希臘神話中的龍更具有敏銳的眼力。堤豐的名
字從希臘單詞 derkein（意為看見）發展而來。在其作品中提到過龍的
作家有拉邦努・毛魯斯（Rabanus Maurus, *Opera*, Ⅲ），普林尼（*Pliny,
Natural History*, Ⅷ：11-12, ：20），以及帕斯卡（Pascal, De Coronis,
Ⅸ）.

隨後的一些學者，如阿爾伯特・馬格納斯（De Animalibus libri：
27）和尤利塞斯・阿爾德羅萬迪（Serpentium et Draconum Historiae
Libri H, Bologna, 1640）均認為龍是一種自然生物。17 世紀後，歐洲
學者開始爭相懷疑龍的真實性。20 世紀以來，解剖學家兼史前歷史
學家艾略特・史密斯是第一個對龍是一個象徵符號這種觀點大為推崇
的學者，他認為龍象徵著多種在地理意義上和歷史意義上截然不同的
文明。根據艾略特・史密斯的理論，作為一個宗教象徵，它同金屬加
工工藝、木乃伊、金字塔一樣，是從古埃及傳到其它國家的。（關於
艾略特・史密斯的理論，詳見 *The Evolution of the Dragon*, Mancheseer,
University Press, 1919；也可參考英格蘭的曼徹斯特市萊蘭斯圖書館中
的相關文獻。）

約瑟夫·方廷羅斯（Joseph Fontenrose）的 *Python: A Study of Delphic Myth and Its Origins*（Berkeley and Los Angeles: University of California Press, 1959）一書是古代龍／神話和起源研究方面十分重要的一本現代著作。正是出於對特爾斐神諭的濃厚興趣，約瑟夫·方廷羅斯對阿波羅和皮同的戰鬥進行了深入的研究，阿波羅神殿的神話故事就起源於此。他的這項研究涉及到了諸多國家和地區的神話、傳奇和民間故事，這些國家有希臘、安納托利亞、迦南、美索不達米亞、埃及、印度、中國、日本、歐洲、中世紀基督教國家、中美洲和太平洋沿岸地區。

另一個有關希臘神話中龍的著作是路易斯·理查·法雷爾（Lewis Richard Farnell）的 *Greek Hero Cults and Immortality*（Oxford: Clarendon Press, 1921）。在這本書中，作者認為希臘神話中龍的顯著特徵是：他們外表與蛇不相像、有四隻腳、本性邪惡、與降雨和土地生產毫無關係。唯一的例外是，有些希臘的龍也建有自己的宮殿，儲藏美女和財富，這點同中國神話中的龍又有一定的相似之處。

在 *God's Conflict with the Dragon and the Sea: Echoes of a Canaanite Myth in the Old Testament*（London and New York: Cambridge University Press, 1985）一書中，約翰·德（John Day）揭示了《舊約》中與「迦南神話相呼應」的諸多表達。根據德的觀點，大部分《舊約》中的暗示都是具有語言意義或是詩意的，龍代表著鷹、大烏鴉和敘利亞荒野中的其它動物，是荒涼沙漠的象徵。希臘民族是個嗜好修辭的民族，因此先知和吟遊詩人十分確信人們能輕鬆地理解故事中的暗示和暗喻。與德的理論形成對比的是范布倫和道格拉斯的理論，詳見 *The Dragon in Aucient Mesopotamia* 一文，刊登於 *Orientalia N.S.*, XV（1946），1-45。

雷蒙德·特里普（Raymond P. Tripp）的 *More about the Fight with*

the Dragon（Lanham, Maryland: University Press of America, 1983）可
專門用於《貝奧武夫》（*Beowulf*）2208b-3182 的評價、版本和翻譯。
這部分中關於龍的描寫被認為是整首詩的瑕疵，與整首詩的意義相
左，需要修改。特里普的研究試圖修改這部分，還原龍的本來性狀。
雅克・勒高夫（Jacques Le Goff）的「中世紀基督教文化和民間故
事：巴黎的聖瑪策祿教宗和龍」（*Ecclesiastical Culture and Folklore in
the Middle Age: Saint Marcellus of Paris and the Dragon*）一文是對歐洲
中世紀龍學研究現狀的批評性研究。文章重點對主教作為馴龍者這一
主題進行了深入探討 Le Goff, *Time,Work and Culture in the Middle
Ages*, Chicago,1980，159-188）

歐尼斯特・英格索爾（Ernest Ingersoll）的 *Dragons and Dragon
Lore*（New York: Payson and Clarke, 1982）和保羅・紐曼（Paul
Newman）的 *The Hill of the Dragon*（Totowa，New Jersey: Rowman
and Littlefield, 1980）都是對龍神話、龍傳奇和龍的民間故事相關特
性的一般性研究。前者對東西方的龍故事都有涉及，而後者主要側重
的是西方的龍，尤其是英國的龍傳奇。米爾恰・伊利亞德（Mircea
Eliacle）的 *Patterns in Comparative Religion*（New York: Sheed and
Ward, 1958）也是一篇關於龍和龍的象徵意義的經典文章。

在弗里德里希・威廉姆・郝樂德（Fredrich William Holiday）的
The Dragon and the Disk: An Investigation into the Totally Fantastic
（New York: W.W. Norton & Company, 1973）一書中，他把龍看作是
一種自然生物而不是一個象徵。通過對青銅器時代和鐵器時代、基督
教藝術和現代科學的研究，郝樂德「深信」古代看到的龍和現代人在
內斯湖或其它地區見到的動物在本質上是一樣的。

西方關於中國龍的研究，讓・皮埃爾・戴仁（Jean-Pierre Dieny）
的 *Symbolisme du dragon dans la Chinese antique*（*Bibliothèque des*

Hautes Etudes Chinoises, vol.27，Paris: Collège de France, Institut des Hautes Etudes Chinoises，1987）是縝密的學術研究和漢學研究的典範。威廉姆‧伯爾茨（William Boltz）發表在 Tong Pao 上的「金剛和洪水」（*Kung Kung and the Flood*）一文同樣是深入研究中國龍的典範，只是篇幅相對較小。在這篇文章中，伯爾茨提出，Kung Kung 就是指的洪水本身，是對洪水的擬人化。

邁克爾‧凱爾（Michael Carr）的「中國龍的不同名字」（*Chinese Dragon Names*）從語言學角度對中國龍的名字進行了探究，是這方面研究的集大成者，這篇文章發表在 *Lingnistics of the Tibeto-Burman Area*, Fall1990, 87-197. 邁克爾‧凱爾研究的目的在於對中國龍的不同名字進行整理和匯總，為以後的詞源學研究建立資料庫。中國龍的詞彙庫以數量眾多和歷史跨度久遠著稱。凱爾發現亞洲龍的名字在相互借用方面十分複雜，簡直是一個比較語言學上的「中文字謎」。目前學界雖普遍認可關於龍的「外來詞」廣泛存在，但這種現象究竟開始於何時，是靠怎樣的途徑傳播的，仍然是眾說紛紜，無一定論。凱爾在分析上百種龍詞彙的基礎上，把龍的名字分為了七類：雨龍、飛龍、蛇龍、狼龍（或蟲龍）、鱷魚龍、山龍和雜龍。文章中列舉了 155 種龍詞彙（包括變體）和龍的名字，這些大多數都出現在兩千多年前的古代典籍中。本書中的龍詞彙不包括以下三類名字：不指代神話動物，而單純是描述性的龍合成詞（比如，潛龍：潛龍＝＞藏龍＝＞隱藏的才能）；指代不同顏色龍的龍詞彙（比如青龍：藍龍或綠龍，蒼龍：綠龍）；沒有特殊意義的外來龍詞彙（比如，佛教藝術中特有的 9 種裝飾性的龍，見《五雜俎》，公元 1590）。[2]

2　如將這三組名稱加入，列表中將包括250多種名稱，與康納德‧格斯納在16世紀，根據阿爾卑斯早期登山者的親眼見證，對「250多種龍進行的描述」（cited by Charles S. Houston, Going Higher, the Story of Man and Altitude, Little, Brown & Co.,1987, 39）形成驚人對比。

致力於龍學研究並取得卓越成果的西方學者數不勝數，他們的著作都附在了最後的參考文獻中。然而這些著作鮮有東方語言譯本。東西方的龍學家之間沒有有效的交流，他們都是獨立從事各自的研究。這些年，全球龍學研究的現狀幾乎可以用老子在《道德經》八十章裏的一句話來描述：「鄰國相望，雞犬之聲相聞，民至老死不相往來。」直到最近，一些東西方的學者才開始關注對方的龍學研究。我們期待，龍學研究能建立一個有系統的比較方法論。

中國關於龍的記載

中國關於龍的史料記載十分豐富，但非常不集中。因此，我們有必要對中國文字記載中的龍進行詳細的整合。我們不妨可以從骨頭和青銅器上的雕刻開始。中國漢字中的龍最早出現於商朝。中國社會在商朝進入了一個顯著發展的重要時期，因為商朝幾乎具備了人類文明的一切特徵：城市的形成，私有制，複雜的社會結構，還有最重要的是文字的出現。商朝甲骨文上的文字幾乎涵蓋了後世標準漢語中所有的語法規則。商朝人雕刻藝術高超，後來這項工藝不斷地改進並廣泛地傳播開來，商朝的甲骨文標誌著遠東地區文字歷史的開端。

從起源和本質特徵來看，商朝的雕刻帶有明顯的象形文字特點。龍字的雕刻就是一個很好的例子。從龍字上可以看出從新石器時代傳下來的人腦的潛意識中對龍形象的印象。在甲骨上和龜甲上龍字有多達 70 種不同的寫法。[3] 這些龍字的不同寫法可以分為兩種類型：單線的和雙線的。單線文字是象形文字，用一條線把這個字勾勒出來。而

3　參閱楊新，李毅華和徐乃湘：《龍的藝術》，香港商務印書館和北京紫禁城出版社，1988，13。

雙線文字的象形文字特徵更加明顯。二者的其它區別還有雕刻裏是否有爪子、鱗屑和腿。從甲骨上和龜甲上的象形圖上我們可以看到商朝文字是多麼的多種多樣。在商朝，無論是龍的形象，還是龍字本身都還沒有被標準化。同他們的後代不同，商朝人可以根據他們的想像改變龍的外形。

鍾鼎文（指鑄刻在殷周青銅器上的銘文）改進了尚處於胚胎期的中國漢字，因此它在一定意義上比甲骨文更具有研究價值。青銅器上的龍字已從象形文字發展成了標記文字或者說是表意符號。有時候商朝的商鼎會有一種或多種鑄刻。商朝後期的青銅器上有時候鑄有多達 45 個字。直到現在，我們發現的此類古代鑄刻的數量仍然有限，但它們是商朝龍字研究的重要資料。商代以後，龍開始在竹子、金帛和紙質的書上出現。

以下是已經分門別類帶有注解的書目，從這些書目中可以看出中國文獻中龍的多種不同方面的特徵。

1 中國龍的別稱

厲荃，《事物異名錄》（1788），（臺北：新興書局，1971，第 2 卷，38 章，1607 頁）列舉了以下龍的別稱：

「智蟲」（《左傳》）

「神武」（《漢書》）

「土首」（《宋史》）

「鱗蟲長」（《大戴禮記》）

「雨師」（《抱朴子》）[4]

4　與以下作品比較：Michael Carr, "Chinese Dragon Names," Linguistics of the Tibeto-Burman Area, Fall 1990, 87-197，這部作品列出150種中國龍名稱。詳見本章中西方關於龍的記載和研究。

2 書寫形式的演變

Bernhard Karlgren, "Grammata Serica Recensa," *Bulletin of the Museum of Far Eastern Antiquities*, 29 (1957); rpt. Goteborg: Elanders Boktryckeri Aktiebolag,1964, pp. 308-309.

徐乃湘、崔岩峋:《說龍》(北京:紫禁城出版社,1987, 56, 143-160)

3 神話創作中的龍

郭璞(276-324):《山海經》,摘自《四部叢刊・楚篇》縮印本(臺北:商務印書館,1965,二十七卷,第五章,40-42,第十二章,59,第十八章,73)。

有些學者認為《山海經》是金朝人對戰國以來的民間神話的集合。《山海經》是一本在中國龍研究方面很具權威性的史料,這本書中闡明了東方龍的特性,即具有神話性、半動物半神聖、完全是想像出來的、模糊無形、受人們動機和感情的影響、天生是一個有能力而又動盪的惡魔結合體——是遠古時代人民對蛇的敬畏之情的一種抽象,同時也是部落時期的遺留,可能是某種圖騰或是邪神崇拜,是人們對一個幾乎已經遺忘的動物體的懷念。

列子在《四部備要》(臺北:中華書局,1965, 2, 22.b 卷)中提到,龍已經成為一種史前和神話的象徵。

《中國古代神話研究》,王孝廉譯(臺北:地平線出版社,1974;源於日本東京,1970, 215-24)「中國神話中的龍作為權力和高貴的象徵」。源自二手資料。

約翰・希夫勒(John Wm. Schiffeler)的《山海經之神怪》(臺北:東方文化書局,1977,101,109,113-114,117-118,123-127, 129)。

這本書對《山海經》中記載的龍、類似龍的動物和蛇進行了整合。

《易經》和《四部備要》（臺北：中華書局，1965）。在這兩本書中，龍是對占卜有著重要意義的象徵。

《莊子》（沈宏編，臺北：商務印書館，1978，1-2，5-9，56-63），在這本書中，作者將龍形的阿波羅巨神像想像為其大無外，其小無內的神話象徵。對龍感興趣的其它中國古代大家還有孔子、管子、商鞅和王充。

4　小說中的龍

《北海屠龍記》（臺北：河洛出版社，1980）。這本書是習武之人屠龍故事的典範。類似的書數不勝數，都大受追捧。見《斯蒂斯·湯普森民間故事母題 300》（Stith Thompson Motif 300 of Folktales）.馮夢龍（1574-1646）:《醒世恒言》（北京：人民文學出版社，1856，第二卷，453-466）這本書講述的是八仙之一呂洞賓的故事，他用飛刀戰龍，但最後成卻變成了龍的弟子。

陸西星（明代）:《封神榜》（臺北：智揚出版社，1986，83-106）。中國的屠龍英雄哪吒的故事就記載在這本書中。

吳承恩（約 1500-1582）:《西遊記》（臺北：世界書局，1967，第3 章，14-21, 10, 57-66）。這本書中提到了龍王和猴王之間發生的故事。薩孟武的《西遊記與中國古代政治》（臺北：三民書局，1969, 10-30）從歷史角度對《西遊記》中的龍進行瞭解讀。

汪辟疆:《唐人小說》（上海：古典文學出版社，1957，62-76）。第九章作者李超偉講述了柳毅同洞庭湖龍王的女兒的愛情故事。這個動人的故事後來成為後世許多戲劇創作的主題。

5 漢族民間故事中的龍

顧希佳:《龍的傳說》(北京:中國民間文藝出版社,1986)。這本書收集了民間的龍傳奇和龍的民間故事。在這本書中,作者把龍故事分成了九類:龍和龍母、引誘龍、智取龍王、懲罰龍王、龍的女兒、龍報恩、造反的龍,地名中的龍和現代龍故事。

關漢、韋軒:《廣東民間故事選》(廣州:花城出版社,1982,233-242)這本書中記錄的是南方的龍和龍後代的傳說故事。

林陽成:《中國民間文學大全》(臺北:錦繡文化,1977,第 1 卷,20-23)。這本書中收集了龍王、李鐵拐和龍的故事。

《中外民間故事選》(上海:上海教育出版社,1983, 41-47. 163-166. 214-221. 262-269)。在這些故事中,龍一開始是青色的,後來變成了有鱗的,有角的,無角的,最後變成了有翅膀的龍。除了民間故事中的龍以外,中國龍並不是邪惡力量的代表,它們通過降雨惠及人間,象徵著大自然旺盛的生命力。龍代表著陽氣。中國民間故事中的惡龍大都源於印度教那伽的影響。有些民間故事中的龍很友好,熱心幫助人,但大部分是頑皮淘氣的,甚至是邪惡的。

6 少數民族民間故事中的龍

《山茶》(1981),(21-22, 59-60, 88-90, 93-94)是一本典型的民間故事雜誌,當中記載了許多雲南省的白族、回族、哈尼族和彝族等少數民族中的龍的傳說故事,從中我們可以看出,龍在少數民族人民中也十分受歡迎。

楊亮才:《中國少數民族文學》(北京:人民出版社,1985)。根據一些少數民族民間故事記載,少數民族部落是一種超自然的動物——龍的後代。

中國民間文藝研究會，《滿族民間故事選》（瀋陽：春風文藝出版社，26-37）。這個故事講述了滿族的祖先打敗了黑龍江裏的三條大龍的傳說。

7 龍和地名

杭州文化局：《西湖民間故事》（杭州：浙江人民出版社，1978，1-4，53-60，97-99，108-110）。杭州很多旅遊景點的地名中都包含龍字。《西湖民間故事》講述了這些地名的由來。

祁連休編：《中國民間故事選：風物傳說》（北京：中國少年兒童出版社，1983，16-18, 67-70, 202-213, 228-231, 188-290）。中國以龍命名的旅遊景點不計其數，這本書解釋了這些命名的由來。

熊侶琴、肖士太：《廬山的傳說》（上海：上海文藝出版社，1983，54-59, 237-240）。這本書中講到了廬山中以龍命名的地名的由來。

8 龍的當代研究

何新：《百家文庫──談龍》（香港：中華書局，1989）。在這本書中，作者從語言學和考古學方面對龍進行了深入研究，得出結論，龍就是鱷魚。從動物學的視角出發，這本書雖很詳盡，但卻沒有對中國龍為什麼外形酷似蛇進行分析，也沒有解釋為什麼龍會飛。的確，在一些中國經典文學作品中，龍指的就是鱷魚，龍的形象正是在結合鱷魚和其它幾種動物的基礎上形成的。而邁克爾・凱爾則堅持認為，源於鱷魚的龍僅是七種龍中的一類（凱爾，1990）。並且他認為，包括鱷魚龍在內的七種龍不會改變龍的象徵意義的本質。

黃能馥、陳娟娟：《中國龍紋圖集》（香港：萬里出版社，北京：輕工業出版社，1987）。這本書對大約 300 種龍紋圖進行了圖解，對藝術家和商業設計師都有很大的參考價值。

　　黃芝崗：《中國的水神》（北京大學民間傳說系列，92 卷，上海：生活書店，1934；臺北：東方文化書局，1960，1-7, 93-106, 106-126）。這本書對中國民間故事中的水神進行了深入的討論。如果單純說水，而不說水神，那就體現不出水的神性。水崇拜在古代中國廣泛存在，水是人類生存繁衍的源泉，能夠淨化人的心靈。

　　婁子匡：《龍年談龍文輯》（北京大學民間傳說系列，180 卷；臺北：東方文化書局，1960）。是對中國民間傳說和民間文化中龍研究方面不可多得的一本優秀著作。

　　譚達先：《中國民間文學概論》（香港：商務印書館，1980，382-385）。這本書中對民間文學中的龍進行了研究。

　　聞一多：《聞一多全集》（第一卷）（上海：開明書局 1948，3-68, 69-72）。這本書中，「伏羲考」和「龍鳳」是關於龍的兩個故事，十分耐人尋味，「伏羲考」尤為深入徹底，新穎獨特。

　　徐乃湘、崔岩峋：《說龍》（北京：紫禁城出版社，1987）。這本書按照年代順序對中國的龍進行了介紹。書後的附錄中還附帶了數量眾多的黑白圖片和書法筆跡。

　　楊新，李毅華和徐乃湘：《龍的藝術》（香港商務印書館和北京紫禁城出版社，1988。英語譯本，Boston: Shambhala, 1988）。書中聚集了紫禁城中收集的各種各樣的形象，這些龍有的是刻在青銅器上、玉上，有的是刻在陶瓷上、袍子上，還有的是刻在其它的藝術品上，這些五顏六色的龍多達 183 種之多。

　　袁珂：《中國神話傳說》（北京：中國民間文藝出版社，1948）。袁珂在書中收集了大量的古代神話故事。這本書為中國的龍研究提供了豐富的資料。

　　張壽平：《九歌研究》（臺北：廣文書局，1970）。作者在這本書中認為，龍王是由水神演化而來的。

朱自清：《中國俗文學概論》（臺北：世界書局，1965，19-21）。本書主要針對民間文學中的龍進行研究。

9 中國寓言中的龍

劉向（公元前 77—公元前 6 年）：「葉公好龍」，摘自《國學基本叢書》中的新序（臺北：商務印書館，968，38 卷，第 5 章，88-89）。「葉公好龍」是一個在中國廣為人知的寓言故事，反映了中國人對龍既愛又怕的矛盾心理。

譚達先：《中國民間寓言研究》（香港：商務印書館，1980，17）。書中對「葉公好龍」的故事進行了闡述。

《莊子》（沈宏，臺北：商務印書館，1-2, 5-9, 56-63），莊子運用了龍和水神來表達他的哲學寓言。在書中莊子講述了屠龍之技的故事，一個小夥子不遺餘力地潛心學習屠龍術，但從來沒有機會練習他的技術。這是中國最早的龍寓言之一。見哥倫比亞大學出版社出版的《莊子》的全英譯本，譯者波頓·華茲生（Burton Watson）。維克多·麥爾（Victor H. Mair）翻譯的《莊子》，由班特姆出版社出版發行。

10 龍的藥用價值

李時珍（1518-1593）：《本草綱目》（臺北：文光書局，2 卷，34 章，336）。在李時珍看來，以下幾種「龍」能治病。其中三種是民間傳說中的龍，其它的是具有某些龍的特徵的動物。民間究傳說中的龍有：龍、蛟和鹽龍。具有龍的特徵的動物有：鱉龍（蜥蜴）、鯪鯉（穿山甲）、石龍子（沙漠蜥蜴），守宮（壁虎）和蛤蚧（仙蟾）。

盧宏民：《中藥大辭典》（臺北：五洲出版社，1973, 464-467）。書中介紹了很多以龍命名的中藥，比如龍骨，龍膽草，龍眼等。

11 類書和百科全書中的龍

類書是我國古代一種大型的資料性書籍，輯錄各種書中的材料，按門類、字韻等編排以備查檢，是龍學研究的第一手資料。類書一般都是由各個朝代的皇帝監製完成，是當朝文化的豐碑。在大部分類書中，龍都被列為一個獨立的書目，以下收集有相關的神話、傳奇、歷史年鑒以及有名的學者寫的或是編撰的詩歌和散文，多達數千卷，幾乎可以自成一家，作為龍故事的專輯。根據類書提供的線索，我們可以追溯中國龍的詳情。因此，在龍研究方面，我們有權威的史書，在以下類書中，有很多關於龍的記載：

陳夢蕾：《古今圖書集成》（1727），（臺北：鼎文書局，1977，第七部分神異篇，49卷，34章，377-384）。書中有很多著名作者所寫的龍故事。

董斯張：《廣博物志》（1607），（臺北：新興書局，1972，第7卷，49章，4317-4375）。這是本關於龍和蛟的詳盡的專著。

李昉：《太平御覽》（９８３），（臺北：商務印書館，1968），第7卷，929-930章，4260-4261）。這本書也是關於龍的詳盡著作，但詳盡程度不如上述兩本。

歐陽詢、汪紹楹：《藝文類聚》（636），（上海：中華書局，第二卷，九十八章，1703-1705）。也是關於龍學研究的好材料。

徐堅：《初學記》（690），（臺北：新興書局，1972，第7卷，1667-1671）。關於龍學研究的好材料。

在類書的幫助下，我們得以對大量古代文本中的注解、引用、參考文獻和交叉引用有了一個相對清晰的認識，並在此基礎上形成了關於中國龍發展的大致輪廓。但做龍學研究，光參考類書是不夠的。為了得到更多關於中國古代龍的信息，我們必須要研究原始的經典文

獻，比如《易經》《列子》《管子》《抱朴子》《荀子》《尚書》《左傳》《史記》，以及像《山海經》《酉陽雜劇》《大唐西域記》和《拾遺記》等這樣的雜記。

12 學術期刊中的龍

龍在以下中國期刊中很常見：

《博物》（*Encyclopedic Knowledge*）

《考古》（*Archaeology*）

《文物》（*Cultural Relics*）

《民間文藝》（*Folk Literature and Art*）

附文（一）
龍：中國最具代表性的形象遺產

　　一個國家的代表形象要有穩定性和歷史感，正如人各有名，物各有主，所謂大丈夫行不更名坐不改姓是也。中國本來有一個國際公認代表形象叫「龍」，可是近年來這龐然大物被自己的子孫逐漸縮小了，特別是在國際場合，中國媒體和有關機構不敢理直氣壯地亮出龍的形象，生怕外國人誤解中華，理由是「龍在西方是邪惡的」。筆者才疏學淺，倒是對東西方龍略知一二，寫過一本英文《東西方龍的研究》，值此龍年之際，不免挺身為中國最重要的形象正名一番。

　　2004 年，奧運吉祥物評選委員會剔除六個候選形象之一的中國龍，理由是：「中國龍的概念非常硬朗，但它有王權、皇族的特徵，親和力較差，在一些西方人眼中的形象也不是很好。」2006 年，上海某高校兩位教授說「龍在中國是帝王象徵，在西方是邪惡象徵，所以龍當文化圖騰引起外國人誤解」。這在當時引起一番爭論，雖然不了了之，但此後龍在西方是邪惡象徵這一說法深入中國人心，在自我約束下，中國龍在世界舞臺瀕臨滅絕。

　　1842 年鴉片戰爭，英國的國旗米字旗在龍的國度勝利飄揚。米字旗是聖喬治徽章和聖安德魯徽章的交叉。聖喬治是英國的保護神，聖安德魯是蘇格蘭保護神，而這兩人都是西方的屠龍英雄。1862 年黃龍旗成了清朝的國旗，這龍旗一次又一次倒在英帝國的屠龍者之旗的腳下。155 年後香港回歸，1997 年 7 月 1 日零點整，我在香港有幸目睹屠龍旗在龍的國度徐徐降落。讓一切屠龍者驚慌失措吧，讓一幫廢龍論者歪曲它的意義吧，我們的民族旗幟必將煥發青春活力，這歷

經滄桑悲壯英武的萬年老龍，不飛則已，一飛衝天。

中國龍古老而穩定，外形至少 6,500 年基本不變，這在世界各種傳統形象中可以說絕無僅有，世界也因此公認龍代表中國。可是近年來中國自己似乎得了「恐龍病」，龍的傳人被自己的影子嚇壞了。北京奧林匹克吉祥物選擇了大家不熟悉的五個福娃。他們也許可愛，但是知名度不夠，太年輕了從而不夠可敬，奧運一完就被人忘卻。一個國家，與其讓人憐，不如讓人敬，而中國龍就有這滄桑古老的可敬。如果有人堅持龍也可畏，那我們也寧願選擇被人敬畏而不是被人憐愛。問題是，從古至今，恐怕還沒有一個原始部落或一個現代國家，為了想像中的別人可能的誤解而放棄自己的文化圖騰。自己形象本是敝帚自珍，不關別人事。美國的國徽禿鷲、俄國的雙頭鷹在中國人看來也有進攻性，美國人俄國人沒有，也沒必要徵求中國人的觀後感。

中西方文化接觸的幾百多年以來，西方人已經接受中國龍代表威武與吉祥，並不代表邪惡，這點用不著我們操心。一些人想當然地揣測西方人觀察問題的方式，從而逐漸失去自己的視角，是由於對西方只知其一不知其二。西方的龍成為邪惡的象徵只是從基督教時代才開始。在《新約全書》的啟示錄裏，有一條大紅龍，七頭十角，戴著七個冠冕，名叫魔鬼，又叫撒旦。從此開始，西方龍才普遍帶有邪惡的意味。在基督教以前西方龍善惡兼有，形象各異，比如龍一直是是維京人、塞爾特人和撒克遜人的民族象徵，這點和東方龍類似。歐洲很多民族用龍做紋章或戰旗，帆船船頭雕刻龍頭，船桅杆高懸龍旗，象徵力量與威嚴。

有學者說中國龍和西方 dragon 不同，所以應該翻譯成 long 或 loong。我認為西方 dragon 的概念是想像的會飛行的爬行動物，不同種類 dragon 模樣差異很大，千奇百怪，足以涵蓋中國龍的形態。任何一個西方成人和孩子看到中國龍都會說這是 dragon。我們不必因為

聽說西方 dragon 有邪惡的涵義，就避之唯恐不及，不承認中國自己的龍是 dragon。其實所謂龍「在西方人眼中的形象不是很好」是想當然之談，是強加於人的心理投射（projection）。事實上，最近幾十年來，龍在西方形象很好，多數現代西方電影和小說中的龍充滿異國情調，善良友好。比如在德國暢銷小說《龍騎士》中，火龍就是主人公的忠實戰友，美國電影《訓龍高手》中的龍合作友善，可親可愛；美國電影《花木蘭》中的中國龍更是女主角的好夥伴。當代美國兒童都是看電視連續動畫片《龍的故事》長大的，故事中兩個孩子穿越到龍的幻想世界中，那裏的各式各樣的龍善良活波，和孩子嬉笑遊戲，一起冒險於夢幻王國。美國電視臺很少播送新連續劇，這《龍的故事》反覆播了 15 年，已經培養了兩代美國的「龍之友」。

　　對龍的放棄是文化自信心的喪失，也是對外交流的失敗。老子說「知人者智，自知者明」。主張棄龍者既無知人者智，也無自知者明。國際傳播中，既要用西方人聽得懂的語言講述我們自己的故事，也要堅守自身文化的特色。從這一角度出發，龍在過去、現在、未來都應是中華文化的象徵。

附文（二）
龍屬於中國平民百姓

　　2012 年壬辰年生肖龍郵票發行，反對之聲鵲起，有人說這龍太兇惡會讓外國人誤解害怕，還有人驚呼大清朝復辟了。這兩點反龍理由與近年來反對龍代表中國的呼聲相呼應。近年來，學界有人反對龍代表中華文化，理由是龍在西方是邪惡的象徵，在中國是帝王的徽記，所以對外龍表現中國的霸氣，對內代表帝王之氣。我認為這兩點都是錯誤的。

　　說在西方龍代表邪惡是犯了時間錯位的錯誤。的確，在西方傳統中，特別是基督教《聖經》中，龍常常是邪惡的，例如《啟示錄》中的七頭十角大紅龍乾脆就是魔鬼撒旦本人。但是近年來，龍在西方形象日趨走向正面，當代西方文學和影視中的龍，可以說友善者多，兇惡者少。德國小說《龍騎士》和美國動畫連續劇《龍的故事》一類的作品，使得龍成為兩代西方青少年的真摯朋友。二十多年來，我帶美國學生來華學習凡十餘批，我給大家設計了一個「老龍頭」文化衫，我的學生都視為珍寶，他們從來沒有一個人覺得這代表邪惡。他們只是遺憾在中國看到龍的形象太少。中國人對龍已經淡忘了，但是世界人民沒有忘。既然來中國，就是來到龍的國度，沒有見到龍是很遺憾的事情，到巴黎錯過了埃菲爾鐵塔，到埃及看不見金字塔，你不遺憾嗎？

　　說龍代表清朝同樣犯了時間錯位的錯誤。雖然當下電視裏清宮劇氾濫，但中國歷史並不是從清朝開始。自古以來，龍就是華夏文化圖騰，紅山文化、仰紹文化都有龍在民間盤桓出沒，春秋時代的孔子見

老子後，誇獎老子「乘風雲而上天……其猶龍乎。」老子乃一智慧老
人而已，職務不過是周王室的「守藏室之史」，相當於圖書館或檔案
館館長，非帝非王，連公卿都算不上，而孔子以龍稱之。龍成為帝王
的象徵，只是從漢高祖劉邦開始，至清宣統丟了龍庭不過兩千年歷
史。漢高祖「認龍作父」，公元前 206 年當皇帝後，居然說自己是龍
和他母親的私生子。《史記‧高祖本紀》寫道：劉邦的父親在一個雷
電交加之夜看到妻子身上趴著一條蛟龍，後來生下劉邦。此乃「竊龍
大盜」無恥自我神化也，而龍作為中華文化的圖騰，作為中華民族喜
聞樂見的族徽卻有 6,500 年以上的歷史，並不是帝王專利品。即便在
帝王時代，平民百姓也沒有放棄對龍的愛好，衣食住行年節喜慶尋常
百姓家都有龍影飛舞，男女結合稱作龍鳳呈祥，中國民間就有著這跌
宕自喜的帝王之尊。龍是中華百姓的文化徽記，幾個帝王孤家寡人從
來就沒有龍的形象專利，今天我們更沒必要把龍畢恭畢敬還給帝王。
如今巨龍已經醒來，中國平民已經奪回了龍旗的所有權。

　　須知龍是中國最重要的物質和非物質文化遺產，龍一向是中國最
具代表性的形象遺產。《三國演義》裏青梅煮酒論英雄一段道出了龍
的形象與涵義：曹操劉備二人對坐，從人遙指天外龍掛，操曰：「龍
能大能小，能升能隱；大則興雲吐霧，小則隱介藏形；升則飛騰於宇
宙之間，隱則潛伏於波濤之內。方今春深，龍乘時變化，猶人得志而
縱橫四海。龍之為物，可比世之英雄。」這道出了龍能屈能伸縱橫四
海的性格，和中華民族龍騰虎躍的英勇氣概。

　　記得 80 年代龍的地位在中國空前提高。「龍的傳人」成了中國人
的自豪稱呼，那時候沒有一個人糊塗到說這是帝王思想。自稱龍的傳
人體現了中國改革開放初期的豪邁、自信與寬容，體現百年屈辱後，
中國人繼承傳統面向世界的視野，更體現十年動亂後，中華民族大和
解、大奮發的豪情。結果，龍的傳人真真飛進了一個壯觀的新世界，

迎來了三十年騰飛。在此壬辰龍年到來之際，我們應發揚 80 年代繼承與創新精神，讓龍的旗幟高高飄揚，迎來和諧寬容騰飛的又一個三十年。

中國龍是一個非常有想像力的形象。20 世紀初「西學東漸」以後有學者說，中國人用一個「病蛇」作為標誌，龍這個東西並不存在，而且中國龍居然沒有翅膀，西方龍都是有翅膀可以在天上飛。在這些人看來中國人似乎很愚昧，居然想像一個不存在的無翅膀動物在天上飛。我以為恰恰相反，想像不存在的無翅膀的動物飛翔正是東方智慧的表現。愛因斯坦說過「想像力比知識更重要」。如果說沒有翅膀就不能飛的話，在萊特兄弟 1903 發明了飛機以後的幾十年內似乎是對的，但是 1926 年世界突然看到，第一枚液態燃料火箭上天並沒有翅膀。中國龍消瘦而無翼正像現代火箭，它翻騰於滄海蒼穹之際，灑脫豪邁騰空雲際，必激發國人的想像力與創造性。

龍有強大文化凝聚力，激發世界華人華裔認同感，天下華人見龍無不有親切感。龍還象徵著水，從而象徵著生命。西方龍和中國龍有本質的不同，西方龍是噴火，代表死亡，而中國龍噴水，代表生命。龍也有一種陽剛之氣，而今天中國文化應該在陽剛之氣方面有所加強。中華民族在苦難中成長出來，應該有走向新的高峰的豪邁。

附文（三）
中華文化銘

　　東土大唐本禮儀之邦，華夏神州原聖人之地。文人雅士最愛舞文弄墨，平頭百姓皆知敬惜字紙。秦皇東掃，雄視如虎。楚人一炬，阿房焦土。陶俑無言，悠悠千年。西風殘照，易水猶寒。

　　胡服騎射燕趙唱慷慨悲歌，函谷東開漢唐愛汗血葡萄。大江東去浪淘盡千古風流人物，孔雀南飛風送來八方異寶奇珍。羅馬希臘千年不朽竟取何策？強秦大唐萬代留芳但用誰人？大熔爐集天下人才，偉丈夫聽世間良言。秦不逐客乃有天下，唐容天下方才得人。自由女神舉手納四海人才，美利堅國門洞開迎八方風雨。船曰五月花滿載失路之人，地名新大陸盡是他鄉之客。

　　龍之在世，能大能小，能升能隱。小則隱介藏形，潛伏於波濤之內，此即潛龍勿用；大則乘風吐霧，飛騰於宇宙之間，此即飛龍在天。君用才如積薪，後來居上，國求賢真似渴，豈分中外。海納百川，有容乃大；山高萬仞，無基難剛。江河靜好，當日日創新；天地清明，須時時爭先。建新樓未必拆老屋，譜新章亦可彈舊調。閉關鎖國定然誤國，全盤西化未見高明。故曰，雙腿行路，良有以也，摸石過河，先登彼岸。

　　此方小橋流水有端然喜氣，斯民簷前廊下見國土莊嚴。家常民俗自有經天緯地天理，禮樂文章竟是治國安邦大事。披閱青史每扼腕長嘯，歎馬屢失前蹄；展望未來常屏氣凝神，盼虎早添雙翼。莫莫莫，莫要錯過信息革命又成百年遺憾；切切切，切請珍惜古老文化再建萬代輝煌。

　　蒼頡造字天雨粟鬼夜哭。天雨粟者，眾人皆可食矣；鬼夜哭乎，魍魎聞之懼焉。典章充棟，何陋之有？文化大國，舍我其誰？斯文在茲，誰敢辱之？氣正體健，孰能輕之？故曰：文化發達為民富國強根本，精神文明是心康體健基礎。

　　文成之時，浩月當空。胡天八月，悠悠朔風。萬湖之州，天地朦朧。異鄉異客，目送飛鴻。壯士天涯，雙劍匣中鳴；書生報國，一諾千斤重。憑誰問，廉頗老矣，尚能飯否？幾時與君飛身縱馬挽雕弓，何人共我吹笛裂石到天明。

　　老子曰以正治國，以奇用兵，以無事取天下。以正治國，國其強乎；以奇用兵，兵其壯焉；以無事取天下，天下則無事也。孟子羨浩然之氣，莊周慕鵬翼高飛。願龍之國鳳之鄉，上上下下均為心靈高尚浩然之士；望舜之都禹之邦，來來往往盡是體魄健美高飛之人。

　　　　　　　　　　　　　　　趙啟光於美國明尼蘇達曠怡齋

致謝

感謝我的導師 David Lenson 教授，他是一位傑出的教師，一位嚴謹的批評家，同時也是我的摯友，他的指導令我心智開啟，他的鼓舞助我一往無前，無論是在品行還是在學術上，他的大力支持均令我不勝感激。同樣感謝 Lucien Miller 教授精湛的指點、適時的建議和懇切的關心。當然還要感謝引領我涉足民俗學領域的 George Carey 教授，感謝 Alvin Cohen 教授在版本和訓詁學等領域的指導。

　　Alvin Cohen 教授和 John Garver 教授對這一課題給予了持續關注，他們不僅幫我審閱初稿還提供了寶貴建議，而且給予我智慧和靈感，提供專業上的幫助。

　　最衷心的謝意還要歸於我的家人，包括：我的父親趙景員教授、我的母親王淑賢教授、我的哥哥趙啟正教授和趙啟大教授，以及我的兒子趙知明。父親的智慧和幽默、母親的責任感與好學精神、啟正的博大胸懷、啟大的嚴謹認真和知明的熱情洋溢無不是我獲取無窮力量與靈感的源泉。事實上，我之所以將人類對於龍的觀念作為研究對象，正是受到了哥哥啟正的啟發。他曾在與我閒談中就這一課題提出了許多真知灼見，其中某些觀點與卡爾・榮格（Carl Jung）的原始意象理論十分相近，我聽到他談這些觀點比我讀到榮格的著作早了許多年。

　　卡爾頓學院及其師生的慷慨相助同樣令我獲益良多。在此，我要
向他們一併致以最誠摯的謝意。

趙啟光

於美國卡爾頓學院

代名家叢書·趙啟光選集　A0501005

天下之龍

者　趙啟光

任編輯　蔡雅如

行　人　陳滿銘

經　理　梁錦興

編　輯　陳滿銘

總編輯　張晏瑞

輯　所　萬卷樓圖書股份有限公司

版　林曉敏

刷　百通科技股份有限公司

面設計　菩薩蠻數位文化有限公司

版　昌明文化有限公司

園市龜山區中原街 32 號

話　(02)23216565

行　萬卷樓圖書股份有限公司

北市羅斯福路二段 41 號 6 樓之 3

話　(02)23216565

真　(02)23218698

郵　SERVICE@WANJUAN.COM.TW

垄經銷

門外圖臺灣書店有限公司

電郵　JKB188@188.COM

N 978-986-496-044-6

7 年 7 月初版

賈：新臺幣 280 元

如何購買本書：

1. 劃撥購書，請透過以下郵政劃撥帳號：

　　帳號：15624015

　　戶名：萬卷樓圖書股份有限公司

2. 轉帳購書，請透過以下帳戶

　　合作金庫銀行　古亭分行

　　戶名：萬卷樓圖書股份有限公司

　　帳號：0877717092596

3. 網路購書，請透過萬卷樓網站

　　網址　WWW.WANJUAN.COM.TW

大量購書，請直接聯繫我們，將有專人為您

服務。客服：(02)23216565 分機 10

如有缺頁、破損或裝訂錯誤，請寄回更換

版權所有·翻印必究

Copyright©2016 by WanJuanLou Books CO., Ltd.

All Right Reserved　　　**Printed in Taiwan**

國家圖書館出版品預行編目資料

天下之龍 / 趙啟光著.-- 初版.-- 桃園市：

昌明文化出版；臺北市：萬卷樓發行，

2017.07　面；　公分.--(當代名家叢書. 趙

啟光選集；A0501005)

ISBN 978-986-496-044-6(平裝)

1.龍　2.民族文化　3.文化研究

539.5942　　　　　　　　106011527